EUGEN BISER · GOTTSUCHER ODER ANTICHRIST?

EUGEN BISER

GOTTSUCHER ODER ANTICHRIST?

NIETZSCHES PROVOKATIVE KRITIK DES CHRISTENTUMS

OTTO MÜLLER VERLAG SALZBURG

ISBN 3-7013-0647-8
© 1982 Otto Müller Verlag, Salzburg
Umschlaggestaltung: Werner Hölzl, Salzburg
Herstellung: Druckerei Berger, Horn

»das nicht-fertig-werden mit dem Christentum«
(Notiz vom Herbst 1885/86 aus dem Nachlaß Nietzsches)

KARL LÖWITH
dem Menschen und Denker
in dankbarer Erinnerung

INHALT

VORWORT

Nietzsche ist so gut wie nichts erspart geblieben: nicht der allzufrühe
Tod des Vaters, der ihm, wie er lebenslang nachfühlte, die entscheidende Orientierungsfigur entriß; nicht der Verlust des Lehrstuhls, auf den
er in einer Traumkarriere berufen worden war; nicht der frühe Ruin
seiner Gesundheit durch ein Leiden, das er in einem unerhörten
Kraftakt zu verdrängen suchte; nicht die Verwechslung einer hochbe-
gabten, aber mehr an seiner Philosophie als an ihm selbst interessierten
Frau mit einem ihm zugeschickten Engel; nicht die Enttäuschung mit
dem größten Genie seiner Zeit, das Freundschaft versprach und nur die
Mehrung seines Ruhms bei ihm suchte; nicht die Resonanzlosigkeit
seiner Schriften, die um so weniger Anklang fanden, je vehementer er
sie gestaltete; nicht die große Einsamkeit, in der er nach der Trennung
von allen Freunden und Weggefährten zurückblieb; nicht das Unver-
mögen, seine literarischen Hervorbringungen durch ein Werk der
Synthese und Zusammenschau zu krönen; noch nicht einmal das
fürchterliche Ende in jahrelanger Umnachtung. Und was bei alledem
das Schlimmste war: daß an dieser Lebensmisere niemand mehr die
Schuld trug als – er selbst.

Mehr als jeder andere Umstand bedingt das den Stil seines Denkens
und Lebens. Um in dieser ständigen Frustration bestehen zu können,
mußte er, um es mit einem Beethoven-Wort zu sagen,»dem Schicksal
in den Rachen greifen«. Seine eigene Formel war weniger kämpferisch,
dafür um so programmatischer. Es war die Formel seiner sieghaft-
verzweifelten Lebensbewältigung. Sie lautet: amor fati – liebende
Bejahung des Schicksals. Sie läßt etwas erkennen von der ungeheuren
Kompensation, aus der er dachte, gestaltete und lebte. Aus ihr stammt
die kalte Glut in seinem Wort, die versengt, ohne zu wärmen. Und sie
bedingt die ungeheure Aggressivität, die sein Gesamtwerk von Anfang
an kennzeichnet und ihn zuletzt dazu übergehen läßt,»mit dem
Hammer« zu philosophieren. Der Fatalist und der Kritiker Nietzsche –
das sind die beiden Seiten ein und derselben Gestalt. Denn der
Nietzsche, der widerspricht,»wie noch nie widersprochen worden ist«,
und der in seinen Widerspruch alles einbezieht, was ihm in die Quere
kommt, angefangen von David Strauß, dem halbherzigen Bekenner,

und Richard Wagner, von dem er bei aller Feindschaft doch nie loskommt, bis hin zu allem, was der wilhelminischen Ära wert und heilig war, dieser Nietzsche ist derselbe wie der, der im »Zarathustra« sein »Ja und Amen« zur Welt und ihrem ewigen Kreisgang spricht. Zu allem Mißgeschick, das er lebenslang zu tragen hatte, kam schon bald nach seinem Ende noch dies hinzu, daß sein leidenschaftlicher Angriff auf das Christentum als bloße Tarnung einer heimlichen Anerkenntnis empfunden wurde. So kam der, der an der Schwelle des Zusammenbruchs seinen »Fluch auf das Christentum« gesprochen hatte, mehr und mehr in den Anschein, im Grunde nur ein verhinderter Gottsucher gewesen zu sein. Bei dieser zwiespältigen Einschätzung ist es bis heute geblieben. Noch immer ist die Frage, ob Nietzsche einer der gefährlichsten Gegner oder ein heimlicher Förderer des Christentums gewesen ist, unbeantwortet. Noch immer schwanken die Urteile zwischen den Extremen »Antichrist« und »Gottsucher«, also zwischen Nietzsches extremster Selbstbezeichnung und dem, was theologische Interpretationskunst aus seinem lautstarken Nein zu Religion, Christentum und Kirche heraushörte. Ertönt im Grund seines Widerspruchs tatsächlich ein leises Ja? Beseitigte er mit den wuchtigen Hammerschlägen seiner Kritik nur eine nachträgliche Inkrustation, unter der dann unversehens Umrisse der Ursprungsgestalt des Evangeliums zum Vorschein kamen? Oder muß er doch strenger beim Wort seiner Kriegserklärung gegen das Christentum genommen werden? Ist er nicht zumindest in dem Sinn sein bedeutendster Gegenspieler, daß er den antichristlichen Tendenzen der Zeit mit seinem »Gott ist tot« den mächtigsten Ausdruck verlieh?

Diesen Fragen muß um so sorgfältiger nachgegangen werden, als Nietzsche wie noch nie zuvor im Begriff steht, wenn nicht zur Leitgestalt so doch zur Galionsfigur der philosophisch Verunsicherten und politisch Enttäuschten zu werden. Weit davon entfernt, als »Fall« abgeschlossen zu sein, ist er wirkungsgeschichtlich gesehen noch immer im Kommen. Der kaum beachtete Außenseiter von gestern ist heute im selben Maß, wie das Unbehagen an der Gesellschaft, wie die Einsicht in ihre Aporien und die Angst vor ihren Ängsten wachsen, zum Paradigma, für viele sogar zum Lebensprogramm geworden. In Sachen Nietzsches kommt man aber so lange auf keinen tragfesten Boden, als es nicht gelingt, die fundamentale Alternative »Gottsucher oder Antichrist« zu entscheiden oder, wenn das nicht angeht, zu überwinden.

Dazu kann aber nur ein genaues Hinhören auf seine Äußerungen verhelfen. Denn für Nietzsche liegt der Sinn einer Aussage nicht offen zutage. Es kommt vielmehr, wie eine Nachlaßstelle sagt, darauf an, die Musik hinter den Worten, die Leidenschaft hinter der Musik und die Person hinter der Leidenschaft zu entdecken. Darauf ist das Augenmerk der folgenden Überlegungen gerichtet. Sie verfahren jedoch in umgekehrter Reihenfolge, indem sie von einer Lebensskizze ausgehen, um so den Motiven auf die Spur zu kommen, die Nietzsche zu seiner Revolte gegen das Christentum und seinen Gottesglauben veranlassen. Eine »Leidenschaft« kommt dabei freilich nur vom Rand her ins Spiel, es sei denn, man denke an die Leidenschaft eines kühl berechnenden Strategen. Dafür ist mitten im Waffenlärm tatsächlich so etwas wie eine »Musik« zu vernehmen, die dort am deutlichsten erklingt, wo sich Nietzsche vom Christentum abwendet, um sich mit der Gestalt seines Stifters zu befassen, den er gleichzeitig in seine Kritik einbezieht und von ihr ausnimmt. Das aber läßt bereits erkennen, daß die Alternative »Gottsucher oder Antichrist« an ihm vorbeigreift. Wie es dann aber tatsächlich um seine Stellung zum Christentum bestellt ist, kann nur seinem Selbstzeugnis entnommen werden. Dieser Befragung gilt das Schlußkapitel, das in dem lautstarken Ankläger der christlichen Sache den Hofnarren und »Hanswurst« des Christentums identifiziert. Wer noch eine Vorstellung von der prekären Rolle des Hofnarren an einem absolutistischen Fürsten- oder Königshof hat, weiß, daß Nietzsche mit diesem von ihm selbst gebrauchten Ausdruck nicht herabgewürdigt, sondern in jener Position gezeigt wird, die seine Kritik neu, und das besagt, als eine hilfreiche Provokation des Christentums lesbar macht.

ERSTES KAPITEL

LEBENSBILD

oder:

»VERWECHSELT MICH VOR ALLEM NICHT!«

Als der Pastor CARL LUDWIG NIETZSCHE für seinen am Geburtstag des Preußenkönigs geborenen und darum nach ihm Friedrich Wilhelm genannten Sohn die Frage »Was soll aus diesem Kind werden?« (Lk 1,66) als Taufspruch wählte, konnte er nicht ahnen, daß dieser darauf wiederholt, am entschiedensten vor Einbruch der Umnachtung, mit der ungeheuerlichen Behauptung antworten würde: »Ich bin, auf griechisch und nicht nur auf griechisch, der Antichrist. . .«[1]

Jugend und Aufstieg

Auf dieses Ende deutete freilich in dem pietistisch gestimmten Pfarrhaus von Röcken bei Lützen (Sachsen) zunächst, auch nach dem frühen Tod des Vaters, nicht das mindeste hin. Allen Anzeichen nach wächst vielmehr der junge Pfarrerssohn widerstandslos in die ihm von seiner weiblichen Umgebung zugedachte Rolle des »kleinen Pastors« hinein. Und zur Zeit seiner Konfirmation verfällt er sogar einer schwärmerischen Religiosität, die sich in einem fast mystisch getönten Jugendgedicht niederschlägt[2]. Nach dem Zeugnis der ersten literarischen Versuche Nietzsches meldeten sich aber schon bald erste Zweifel, und während der Internatsjahre in Schulpforta muß es zu einer lautlosen Preisgabe des religiösen Erbes gekommen sein, so daß sich der Abiturient nur halbherzig zum Theologiestudium entschied, um bei erster Gelegenheit zur klassischen Philologie überzuwechseln. Bezeichnend für diese Verabschiedung der überkommenen Wertwelt ist das dem »Unbekannten Gotte« gewidmete Jugendgedicht (von 1864), dem ein Jahr zuvor ein Lebensrückblick mit der Schlußfrage vorangegangen war: »Und so entwächst der Mensch allem, was ihn einst umschlang; er braucht nicht die Fesseln zu sprengen, sondern unvermutet, wenn ein Gott es gebeut, fallen sie ab; und wo ist der Ring, der ihn endlich noch umfaßt? Ist es die Welt? Ist es Gott?«[3]

Nach Ausweis einer ersten philosophischen Niederschrift mit dem Titel »Fatum und Geschichte« war diese offene Frage für Nietzsche aber bereits im negativen Sinn entschieden, da die Menschheit für ihn, wenn auch unter schweren Zweifeln und Kämpfen, dazu gelangen muß, »in sich den Anfang, die Mitte, das Ende der Religion« zu erkennen[4]. Der auch in musikalischer Hinsicht hochbegabte Student entwickelt sich um diese Zeit zum Wagner-Enthusiasten; doch vermittelt ihm das größte Bildungserlebnis die Entdeckung der Werke SCHOPENHAUERS, durch den er zu seinem eigenen Standort findet. Ohne sichtbare Spuren bleibt dagegen die Zeit seines Militärdienstes, zu dem er sich in der allgemeinen Euphorie der ausgehenden Sechzigerjahre freiwillig gemeldet hatte, dem jedoch eine längere Erkrankung infolge eines Reitunfalls ein vorzeitiges Ende setzte. Auf eine seelische Krise von bedenklichem Tiefgang läßt eine offensichtlich in großer Erregung niedergeschriebene Notiz aus dieser Zeit schließen, in der Nietzsche gesteht: »Was ich fürchte, ist nicht die schreckliche Gestalt hinter meinem Stuhle, sondern ihre Stimme: auch nicht die Worte, sondern der schauderhaft unartikulierte und unmenschliche Ton jener Gestalt. Ja, wenn sie noch redete, wie Menschen reden!« So lautete das Dokument der halluzinatorischen Begegnung Nietzsches mit seinem Dämon, den er zwanzig Jahre lang niederzuzwingen vermochte, bis er von ihm überwältigt wurde[3a].

Widrige Umstände setzten auch Nietzsches akademischer Laufbahn ein vorzeitiges Ende. Außergewöhnliche Studienerfolge hatten dem Vorzugsschüler FRIEDRICH RITSCHLS noch vor Abschluß der Promotion den Ruf auf einen Lehrstuhl in Basel eingetragen, den er gewissenhaft, aber nicht allzu erfolgreich bis 1879 vertrat, dann aber aufgrund der sich rapid verschlechternden Gesundheit aufgeben mußte. Von da an führt Nietzsche, der sich durch seine genialische Erstlingsschrift »Die Geburt der Tragödie aus dem Geiste der Musik« (von 1872) die Anerkennung RICHARD WAGNERS erworben, aber wissenschaftlich disqualifiziert hatte, das kärgliche Leben eines kaum beachteten Privatgelehrten und freien Schriftstellers, der in rascher Folge Buch um Buch herausbrachte, ohne damit jedoch auf nennenswerte Resonanz zu stoßen. An der Spitze dieses zeit- und kulturkritischen Frühwerks stehen die »Unzeitgemäßen Betrachtungen« (1873: David Strauß, der Bekenner und der Schriftsteller; Vom Nutzen und Nachteil der Historie für das Leben; 1874: Schopenhauer als Erzieher; 1875: Richard Wagner in Bayreuth). In den folgenden Jahren (1876–1880) entsteht das großangelegte »Buch für freie Geister« mit dem Titel »Menschliches, Allzumenschliches«, und schon im folgenden Jahr erscheint »Morgenröte«, eine Gedankensammlung »über die moralischen Vorurteile«. Mit dieser eindrucksvollen Probe seines kulturanalytischen Scharfblicks und seiner sprachlichen Meisterschaft profilierte sich Nietzsche als einer der glänzendsten, freilich auch radikalsten Essayisten der deutschen Literaturgeschichte. Mit ihr besiegelte er aber auch den endgültigen Bruch mit seiner Vergangenheit und die zunehmende Entfremdung von dem ihn umgebenden Lebenskreis. Sosehr sich in dieser Werkfolge seine ureigene Begabung entfaltet, trägt sie doch zugleich unverkennbar kompensatorische Züge, die sie gleicherweise als das Dokument der Selbstdarstellung wie der »Selbstüberwindung« erweist.

Das bestätigen die Beziehungen und Konflikte dieser ausgesprochenen Ablösungsperiode. Von den Basler Kontakten war Nietzsche anstelle des vergeblich umworbenen JACOB BURCKHARDT nur die distanzierte Freundschaft mit FRANZ OVERBECK, dem kritisch-atheistischen Theologen, Gesprächspartner und Helfer, geblieben[4a]. Da er sich von der Bindung an die Mutter und insbesondere an die ihm an Energie und Zielstrebigkeit weit überlegene Schwester trotz aller Emanzipationsversuche nicht zu lösen vermochte, gestaltete sich diese zusehends zu einer drückenden Fessel. Vor allem aber nahm die von WAGNER nur halbherzig erwiderte Freundschaft einen tragischen, dem unvermeidlichen Bruch entgegentreibenden Verlauf. Sie gestaltete sich, mit Nietzsches eigenem Bild gesprochen, zur »Sternenfreundschaft« zweier gegensinniger Lebensbahnen, die nach kurzfristiger Annäherung unaufhaltsam auseinanderstrebten. So bedurfte es nur eines vergleichsweise geringfügigen Anstoßes – Nietzsche erhielt 1878 das Parsifal-Textbuch mit der ironischen Unterschrift »Richard Wagner, Oberkirchenrat« –, um sie endgültig zu Bruch gehen zu lassen. Einen menschlichen Gewinn brachten diese schwierigen Jahre nur durch die Bekanntschaft Nietzsches mit dem erfolglosen Musiker HEINRICH VON KÖSELITZ, der ihm, dem Halberblindeten, bald schon zum unentbehrlichen Vorleser und »Schreiber-Freund« wurde und den er dafür in gleichzeitiger Anspielung auf den ersten Apostel und Zarathustra, den »Gast der Gäste«, PETER GAST nannte[5]. Unwillkürlich drängt sich die Erinnerung an die Rolle auf, die JOHANN PETER ECKERMANN im Leben und mehr noch im Schaffen Goethes spielte[6].

14

Krise und Schaffenshöhe

Nachdem die Krise der »Lebensmitte«, die Nietzsche in seinem fünfunddreißigsten Lebensjahr (1879) gekommen fühlte, ohne den von ihm befürchteten tödlichen Abschwung überstanden war, sollte das Jahr 1882, das er mit dem Huldigungsvers an den »Schönsten Januarius« begrüßt hatte, die große Wende zum Besseren bringen. Es begann auch tatsächlich sehr verheißungsvoll durch die (von der Frauenrechtlerin MALWIDA VON MEYSENBUG – ausgerechnet im Petersdom – arrangierte) Begegnung mit LOU SALOME, in der Nietzsche zunächst einen »Engel« zu erkennen glaubte, um diesem Anfangseindruck dann aber resigniert hinzuzufügen: »Inzwischen war es kein Engel«[7]. Im Gegenteil, so entrüstete er sich später, Lou sei wie alle geistig emanzipierten Frauen häßlich: ein »übelriechendes Äffchen mit... falschen Brüsten«, eine Bemerkung, der die greise Lou mit nachsichtigem Lächeln zustimmte, als sie sich einer Brustoperation hatte unterziehen müssen[8]. Tatsächlich erweckte Nietzsche um diese Zeit in den Augen seiner Freunde einen desperaten Eindruck. In einem Brief an Gast gestand OVERBECK, es sei ihm vorgekommen, als ob er »einer Selbstverbrennung beiwohnte«[9].

In welchem Maß Nietzsche während der Lou-Krise dem von ihm mit so großem psychologischem Scharfsinn analysierten Ressentiment verfiel, zeigt die Widerspiegelung einer beiläufigen Episode in seinem Werk. Zur hellen Entrüstung der Schwester hatte er sich in einem Luzerner Atelier mit der peitschenschwingenden Lou in einem Wagen fotografieren lassen, den er zusammen mit dem gemeinsamen Freund PAUL REE zog[10]. In der Umsetzung des »Zarathustra« wird daraus der Rat des alten Weibleins: »Du gehst zu Frauen? Vergiß die Peitsche nicht!«[11] Lou nannte ihrerseits Nietzsche einen »Sadomasochisten an sich selber«; vor allem aber »rächte« sie sich für Nietzsches Niedertracht in der Form, daß sie das auf viele Jahre hinaus beste Nietzsche-Buch verfaßte, das Friedrich Nietzsche (unter Zurückstellung alles Persönlichen) »in seinen Werken« einfühlsam und geistvoll würdigte[12].

Wie selten einmal zeigt sich hier, daß Nietzsches Biographie in erster Linie durch eine Serie von Rückschlägen gekennzeichnet ist. Ihm war, bei aller Selbstverschuldung, vom Schicksal wie von seiner Umgebung übel mitgespielt worden. Der ihm durch dauernde Krankheit aufgezwungene Verzicht auf den Lehrstuhl war die vergleichsweise noch erträglichste Einbuße, da sie ihm immerhin die uneingeschränkte

Freiheit des schriftstellerischen Schaffens einbrachte. Unheilbar tief traf ihn dagegen, daß er sich von WAGNER, dem er von seinen Schuljahren an mit enthusiastischer Bewunderung gehuldigt hatte, enttäuscht, im Grunde sogar betrogen fühlen mußte. Dazu kam das bittere Ende der Begegnung mit Lou, von der er sich die große Lebenswende erhofft hatte. Die von den Intrigen der Schwester zusätzlich verschärfte Misere nahm schließlich solche Formen an, daß er sich im Spätherbst 1882 sogar mit Selbstmordgedanken trug. OVERBECK attestierte ihm, daß er schwanke, ob er ihn mehr wegen seiner denkerischen Leistung oder wegen seiner im Ertragen von Leiden bewiesenen Seelengröße bewundern solle.

Erstaunlicher noch ist jedoch die schöpferische Tat, durch die sich Nietzsche über seine Lebensmisere erhob, indem er sich – in jähem Bruch mit dem bisherigen Schaffensstil – zum Propheten einer auf den Tod Gottes gegründeten Heilslehre stilisierte. So entstand, angeblich in einem inspiratorischen Schaffensrausch, in Wirklichkeit in einem ungemein konzentrierten Schaffensprozeß, der von ihm selbst eher der Gattung der Sinfonien zugerechnete, gleicherweise an der Sprache des Evangeliums wie an der Musik RICHARD WAGNERS orientierte »Zarathustra«, das »Buch für alle und keinen«. Ihm hatte er die bereits zu beträchtlichen Teilen derselben Gedankenmasse entnommene, aber noch aphoristisch gehaltene »Fröhliche Wissenschaft« (von 1882) vorausgeschickt, die er einmal als den im voraus verfaßten Kommentar zum »Zarathustra« bezeichnete, so wie er diesen selbst zur »Vorhalle« des geplanten, aber nicht ausgeführten systematischen Hauptwerks erklärte[13].

Doch schon während der Niederschrift wird er der pathetischen Attitüde überdrüssig. Zum einen suchte er die in feierlicher Mystagogensprache vorgetragene Lehre von der ewigen Wiederkunft des Gleichen auf eine naturwissenschaftliche Basis zu stellen; zum andern stellte sich ihm die zeit- und kulturkritische Aufgabe des Frühwerks erneut und jetzt mit größerer Dringlichkeit denn je. Sie veranlaßt ihn zunächst zur Diagnose des unvollständigen und zur Prognose des vollkommenen Nihilismus, als dessen »Wahrsager« und Protagonist er sich zunehmend fühlt. Sie macht ihn sodann zum schonungslosen Kritiker der herrschend gewordenen Dekadenz-Moral mit ihren Wertsetzungen und Idealen. Und sie bewegt ihn schließlich zum Sturmangriff auf das für ihn zwar längst schon überlebte, aber immer noch wirkmächtige Christentum. Nicht weniger drängend trat ihm aber auch das Planziel eines systematischen Hauptwerks vor Augen, das zwar nicht zustande kam, von dessen Themenfülle jedoch das amorphe Nachlaßmaterial eine wenigstens umrißhafte Vorstellung vermittelt[13a].

Spätzeit und Zusammenbruch

Im gleichen Maß, wie Nietzsche den Boden einer bürgerlichen Existenz verliert und zum »umherirrenden Flüchtling« (fugitivus errans) zwischen Venedig, Genua, Sils-Maria, Rapallo und Turin, der letzten Station seiner Wanderer-Existenz, wird, steigert sich seine schriftstellerische Produktivität bis zu ihrem hektischen Höhe- und Endpunkt im Spätherbst 1888. Auf die Aphorismensammlung »Jenseits von Gut und Böse« (von 1886), in der er seine Sprache zu noch größerer Spannkraft und Elastizität entwickelt und seiner Kulturkritik, aber auch seiner Anthropologie neue Glanzlichter aufsetzt, folgt der brillante Essay »Zur Genealogie der Moral« (von 1887) und auf diesen die in bewußtem Affront gegen Wagner betitelte »Götzen-Dämmerung« (von 1888), mit der Nietzsche demonstriert, »wie man mit dem Hammer philosophiert«, und damit das sich zu aggressiver Vehemenz steigernde Spätwerk einleitet. Höhepunkt dieser Serie ist, zusammen mit zwei Kampfschriften gegen Wagner (Der Fall Wagner; Nietzsche contra Wagner), der erst 1895 veröffentlichte »Antichrist«, der ursprünglich als erstes Buch des geplanten Hauptwerks mit dem Titel »Umwertung aller Werte« vorgesehen war, dann aber von Nietzsche, der damit sein systematisches Planziel aufgab und alle Hoffnung auf eine möglichst gewaltige Augenblickswirkung setzte, mit dem neuen Untertitel »Fluch auf das Christentum« versehen wurde.

Gleichzeitig mit dem als »Vernichtungsschlag gegen das Christentum« gedachten »Antichrist« verfaßt Nietzsche, um »nicht verwechselt« zu werden, eine letzte Selbstdarstellung im Stil der augustinischen »Confessiones« und »Retractationes«, der er den »allerchristlichsten Titel ›Ecce homo‹ «(THOMAS MANN) gibt. Nach Ausweis der unlängst entdeckten Nachträge zu diesem Manuskript muß sich der Übergang von der Exzentrik zum Wahnsinn in dieser Zeitspanne vollzogen haben. Daß dabei auch ein Moment der Selbstzerstörung mit ins Spiel gekommen sein mag, läßt seine (an PETER GAST gerichtete) Bemerkung erkennen, er sehe »mitunter nicht ein«, wozu er die mit »Ecce homo« beginnende tragische Katastrophe seines Lebens »zu sehr beschleunigen sollte«[14]. Schon ohne Bewußtsein seiner Identität richtet er nunmehr Botschaften an Freunde, Fürstenhäuser und Regierungen, in denen er sich als der Nachfolger des toten Gottes und als künftigen Weltenherrscher präsentiert, der seinen Amtsantritt durch feierliche Dekrete vorbereitet. In einem der letzten Briefe stellt er CARL FUCHS in Aussicht, daß die Welt in den nächsten Jahren »auf dem Kopf« stehen werde, weil er nach der Abdankung des alten Gottes nun selbst die Weltregierung übernehme[15].

In den ersten Januartagen des Jahres 1889 bricht Nietzsche beim Anblick eines mißhandelten Pferdes in Turin auf offener Straße zusammen. Nur mit Mühe kann FRANZ OVERBECK, der, aufgeschreckt durch einen von wahnhaften Äußerungen durchsetzten Brief des Umnachteten an BURCKHARDT, so rasch wie möglich herbeieilte, den völlig hilflosen Freund vor der Einlieferung in eine italienische Irrenklinik bewahren und zur Behandlung nach Basel bringen[16]. Schon dort registrierten die Ärzte das hoffnungslose Krankheitsbild einer vermutlich auf der Basis einer luetischen Infektion entstandenen progressiven Paralyse[16a]. Den Rest seines Lebens, fast zwölf Jahre, verbringt der Umnachtete, von dessen vielfacher Begabung sich nur noch Spuren seines musikalischen Talents eine Zeitlang durchhalten, in wechselnder Versorgung, zunächst in einer Anstalt in Jena, wo der »Rembrandt-Deutsche« JULIUS LANGBEHN fragwürdige Heilungsversuche an ihm unternimmt, dann nach Abklingen der Tobsuchtsanfälle in der Obhut der sich für ihn aufopfernden Mutter und, nach deren Tod, der nach dem Selbstmord ihres Mannes aus Paraguay zurückgekehrten Schwester. Ihrer Energie – und Skrupellosigkeit – gelingt es, der Mutter die Publikationsrechte abzuringen, das Nietzsche-Archiv aufzubauen, den Nachlaß in gewaltsamen Editionen als »Wille zur Macht« herauszubringen und das für geraume Zeit obligatorische Nietzsche-Bild zu entwerfen, damit dann aber auch die schon vor der Jahrhundertwende machtvoll einsetzende Wirkungsgeschichte in einer Weise zu kanalisieren, die Nietzsche, der das Gegenteil eines imperialistischen Nationalisten gewesen war, in den Anschein eines ideologischen Wegbereiters des Nationalsozialismus geraten ließ[17].

Nietzsches Biographie läßt sich nicht ohne einen Blick auf seine dramatische Wirkungsgeschichte zu Ende erzählen. Nachdem sich der Lebende einer regelrechten Schweigemauer gegenübergestellt sah, die nur punktuell, etwa durch die Vorlesungen des dänischen Kulturphilosophen GEORG BRANDES über seine Philosophie, durchbrochen wurde, setzte fast gleichzeitig mit seiner Umnachtung eine lawinenhaft anschwellende Resonanz ein. Er selbst nahm davon freilich sowenig etwas wahr wie von dem ihm von seinem Jugendfreund DEUSSEN zu seinem 50. Geburtstag überbrachten Blumenstrauß, der einen Augenblick seine Teilnahme zu erregen schien, dann aber unbeachtet liegenblieb. Dagegen spricht manches dafür, daß das Gefühl der geradezu »absurden Einsamkeit«, unter dem der späte Nietzsche zunehmend litt, den Eintritt der Katastrophe beschleunigte. Auch hier kam freilich ein Moment der Selbstzerstörung hinzu, da Nietzsche im letzten Schaffensjahr eine ganze Reihe von Verbindungen, die er über Jahre hinweg, teilweise sogar seit seiner Jugend aufrechterhalten hatte, von sich aus zerschnitt, so durch die Aufkündigung der Freundschaft mit ERWIN ROHDE, durch den arroganten Brief an HANS VON BÜLOW oder durch die schroffe Abkehr von seiner langjährigen Gönnerin MALWIDA VON MEYSENBUG.

Die beginnende Rezeption war freilich durch extrem entgegengesetzte Wertungen gekennzeichnet. Der Aufbruchsstimmung der Jahrhundertwende entsprach am stärksten die prophetische Attitüde des »Zarathustra«, der geradezu zur Programmschrift des Expressionismus wurde und bei GUSTAV MAHLER und RICHARD STRAUSS sogar ein musikalisches Echo auslöste[18]. In der Folge griff der Einfluß dieses einseitig gesehenen Nietzsche auf nahezu den Gesamtbereich der europäischen Literatur über, nachdem der russische Religionsphilosoph WLADIMIR SOLOWJEW, der fast gleichzeitig mit Nietzsche starb, schon im Todesjahr vehement auf dessen antichristliche Herausforderung reagiert hatte[19]. Während Nietzsche diesem als eine Vorausschattung des für die Endzeit angekündigten Antichrist erschien, galt er seinen literarischen Anhängern als der von ihnen enthusiastisch begrüßte Wegbereiter einer neuen Identität, in Grenzfällen sogar als der fast kultisch verehrte Führer zu einer neuen, unverstellten Menschlichkeit[20]. Die philosophische Würdigung, dokumentiert vor allem durch die Werke von WALTER KAUFMANN, KARL JASPERS, MARTIN HEIDEG-

GER und KARL LÖWITH, setzte erst mit der von Nietzsche vorausgesehenen fünfzigjährigen Verzögerung ein[21]. Sie wurde jedoch, kaum daß sie Boden gewonnen hatte, von dem Versuch überschattet, den durch die Veröffentlichung des »Wille zur Macht« abgestempelten Denker für die nationalsozialistische Ideologie in Anspruch zu nehmen. Wie kein anderer geriet Nietzsche damit in den Verdacht, der Vorbote und Eideshelfer Hitlers zu sein. Daß dieser dem Nietzsche-Archiv einen Besuch abstattete, seiner 1935 verstorbenen Leiterin ein Staatsbegräbnis ausrichten ließ und Mussolini zu dessen 50. Geburtstag eine eisenbeschlagene Prachtausgabe des »Zarathustra« übersandte, schien diesen Verdacht aufs nachdrücklichste zu bekräftigen. Wenn irgendeiner der von der nationalsozialistischen Ideologie in Anspruch genommenen Autoren »belastet« und dadurch von der Tagesordnung des philosophischen Disputs ein für allemal abgesetzt war, dann, so mußte man annehmen, keiner so sehr wie er. So schien die Wirkungsgeschichte Nietzsches nach dem zweiten Weltkrieg den entgegengesetzten Verlauf zu dem zu nehmen, der nach dem ersten Weltkrieg zu beobachten war und damals zu seiner weltweiten Anerkennung geführt hatte. Doch das Gegenteil des Erwarteten trat ein. Während vergleichsweise harmlosere »Zulieferer« wie Houston Stewart Chamberlain der permanenten Ächtung verfielen, erhob er sich wie ein Phönix aus der Asche des über ihn verhängten »Autodafés«, das ihn so vollkommen vernichtet zu haben schien, daß OTTO FLAKE nur noch im »Rückblick« auf seine Philosophie von ihm reden wollte[22].

Der unerwartete Umschwung hatte mehrere Gründe. Während sich unter den prominentesten Nietzsche-Interpreten KARL JASPERS, der in seinem Nietzschebuch (von 1936) Wesentliches zum »Verständnis seines Philosophierens« beigetragen hatte, auffällig zurückhielt, setzten andere, allen voran MARTIN HEIDEGGER, ihre Nietzsche-Deutung unbekümmert fort. Gleichzeitig beherrschten Schriftsteller die literarische Szene, die Nietzsche zugestandenermaßen Entscheidendes verdankten. Das Hauptverdienst an der Rehabilitierung des ins ideologische Zwielicht Geratenen aber hatten zweifellos jüdische Autoren wie JEAN WAHL, KARL LÖWITH und WALTER KAUFMANN, die Nietzsche dadurch wieder »disputfähig« machten, daß sie, wie vor allem Löwith, zu seinen Grundgedanken vorstießen und diese im großen Zusammenhang der abendländischen Geistesgeschichte darstellten[23]. Insofern besteht das erstaunlichste Ereignis der Wirkungsgeschichte in der Tatsache, daß Nietzsche, ungeachtet des von ihm erlittenen Gesichtsverlustes, schon zu Ausgang der sechziger Jahre zum Gegenstand neuer Editionen, zu einer der meistdiskutierten Gestalten der Geistesgeschichte, zum Philosophen der unbestreitbar größten Breitenwirkung und neuerdings geradezu zu einer Leitfigur des alternativen Lebensstils geworden ist[24].

Kontroverse Wertungen

Im sprunghaften Verlauf der Wirkungsgeschichte spiegelt sich das Spannungsverhältnis der zwischen enthusiastischer Zustimmung und radikaler Verwerfung schwankenden Wertungen. Zwar war den für die Denkwelt Nietzsches besonders anfälligen Expressionisten nur der »Zarathustra« bekannt geworden; der aber traf die Stelle ihrer größten Ansprechbarkeit[25]. Bald verlor die Begeisterung jedes Maß. EMIL GÖTT, der oberrheinische Dramatiker, erachtete es als »die *größte Schuld*« seines Lebens, daß er »nicht zu den Füßen dieses Lehrers geriet, als es noch Zeit war; in der zweiten Hälfte der achtziger Jahre«. Denn wie Nietzsche »der Philosoph mit dem *Hammer* war«, werde er »vielleicht der mit der *Kelle* sein«, mit der Aufgabe betraut, »den Vorläufer zu vollenden«. Das steigert sich bei ihm schließlich zur Gewißheit: »Mit mir geht, ereignisreicher als bei Nietzsche, Gott zu Grabe, und ›Mensch‹ wird«[26]. Nach den Namen der »zwölf unsterblichen Dichter« gefragt, antwortete GEORG KAISER, er kenne »nur zwei Unsterbliche: Plato und Nietzsche«. Und der Lyriker PAUL BOLDT versteigt sich sogar zu dem Rat: »Betet zu Nietzsche!«[27]

Demgegenüber sah sich REINHARD JOHANNES SORGE, der sich ursprünglich »nie außer Berührung« mit Nietzsche gefühlt hatte, zum »Gericht über Zarathustra« (von 1924) gedrängt, »da er als Dieb kam ins Heiligtum, Gottes Feuer zu stehlen«[28]. Ähnlich war, nur mit weitaus geringerer Kompetenz, RICHARD DEHMEL mit Nietzsche verfahren, als er dem bereits Umnachteten sein Erstlingswerk »Erlösungen« (von 1891) übersandte, das bereits einen »Nachruf an Nietzsche« mit den Versen enthielt:

> fahr denn wohl! Gern hätt ich dir
> dein letztes Wort vom Mund geküßt,
> du lächelnder Priester des furchtbaren Todes.
> *Aber wir leben*[29].

Überhaupt baute sich im Gegenzug zu dem rasch um sich greifenden Nietzsche-Enthusiasmus eine »Ablehnungsfront« auf, die sich von GOTTFRIED KELLER, der hinter Nietzsches »monotonem Geschimpfe« einen »Erz- und Kardinalphilister« vermutete, bis zu EDUARD VON HARTMANN und ERNST TROELTSCH erstreckte[30]. Während dabei DEHMEL Nietzsche immerhin noch einen »Rattenfänger von Sehnsuchtshausen« nennt, ist er für TROELTSCH wie »Rattengift im Gedärm«[31]. Nach dem zweiten Weltkrieg wiederholt sich dasselbe Spiel, nur in umgekehrter Abfolge. Während STEFAN ANDRES Nietzsche als den Hauptschuldigen an der deutschen Katastrophe vor den »Kassationshof« zitieren möchte, sieht JOHANNES R. BECHER in ihm geradezu ein »Verhängnis«, das sich dadurch anbahnte, daß er in der ersten Jahrhunderthälfte »fast alle deutschen Geisteserscheinungen aufs tiefste und erschreckendste« beeinflußte[32]. Dagegen kommt GOTTFRIED BENN, der etwa gleichzeitig mit ihm auf die fünfzigjährige Wirkungsgeschichte Rückschau hielt, zu dem diametral entgegengesetzten Ergebnis. Für ihn hat alles, was in diesem Zeitraum diskutiert wurde, bereits bei Nietzsche seine »definitive Formulierung gefunden, alles weitere war Exegese«[33]. Die große Tendenzwende, die dem Todgesagten zu einer ganz unerwarteten »Wiederkehr« verhalf, kündet sich an, sofern sie von BENN nicht bereits mitvollzogen wird.

Es konnte nicht ausbleiben, daß auch das Urteil über den Religionskritiker Nietzsche in dieses Wertungsgefälle geriet und in extrem entgegengesetzte Ansichten auseinanderbrach. Kennzeichnend dafür ist die Tatsache, daß sich der russische Religionsphilosoph SOLOWJEW noch in Nietzsches Todesjahr dessen Selbsteinschätzung zu eigen machte, indem er die Titelfigur seiner »Kurzen Erzählung vom Antichrist« bewußt im Sinn von Nietzsches Lebens- und Schaffensgeschichte stilisierte[34]. Westliche Urteile über den Vermessenen, der, mit REINHARD JOHANNES SORGE gesprochen, »Raub am göttlichen Feuer« beging, klangen kaum weniger dezidiert, auch wenn sie Nietzsche nicht mit dem Nimbus eines apokalyptischen Vorzeichens umkleideten[35]. Doch ließ auch hier der Umschwung nicht auf sich warten.

Schon für das Sommersemester 1901, also kaum ein Jahr nach Nietzsches Tod, kündigte der wegen seiner »reformkatholischen« Ideen später heftig angefeindete Würzburger Theologe HERMAN SCHELL eine Vorlesung zum Thema »Nietzsche und das Christentum« an, die er, bezeichnend für seine unvoreingenommene Einstellung, mit der Bemerkung einleitete: »Das Verhältnis Nietzsches zum Christentum, dies

Problem scheint in seinem Ergebnis keineswegs zweifelhaft zu sein, jedoch gilt auch da: die Probleme verlangen, daß man mit ihnen ringt und kämpft.« Und bald danach dürfte die von FRANZ BRENTANO skizzierte Gegenüberstellung »Nietzsche als Nachahmer Jesu« entstanden sein, die, wenn auch nur mit ihrem Titel, den Weg zu einer »christlichen Nietzsche-Rezeption« freigibt[36]. Wie sehr dies zutraf, zeigen die von JASPERS mit unverhohlener Verwunderung zitierten Sätze, mit denen ERNST BENZ tatsächlich in die von Brentano ausgelegte Fährte tritt:

> Der Antichrist wird ... zum Lehrer einer Imitatio Christi, welche die Kirche aus Schwachheit und Bequemlichkeit unterschlagen hat. Der Feind der Kirche wird zum Propheten einer neuen Möglichkeit des Christentums, welche die Kirche selbst aus Furcht vor ihren unerbittlichen und unbequemen Folgen vorgezogen hat zu verbergen; er wird zum Verkünder eines kommenden ordo evangelicus, der eine neue Gemeinde von seinesgleichen ... zusammenfügt und der den reinen Glaubenschristen durch die Darstellung des jesuanischen Lebens die papierenen Bekenntnisse aus der Hand schlägt[37].

Die stärkste Aufwertung erfuhr Nietzsche jedoch zweifellos durch den Entwurf jener amerikanischen Radikalform von Theologie, die sich, vermutlich sogar in verbaler Anlehnung an ihn, »Tod-Gottes-Theologie« nannte und von Sprechern wie VAHANIAN, HAMILTON und ALTIZER vertreten wird[38]. Daß sich die Repräsentanten dieser Radical Theology bei den ohnehin nur sporadischen Versuchen einer Herleitung anstatt auf Nietzsche mehr auf Hegel beziehen, spricht eher für als gegen den vermuteten Zusammenhang. Denn offensichtlich ist für sie sein »Gott-ist-tot« schon so sehr zum bewußtseinsbildenden Leitwort geworden, daß sich ihnen die Frage nach dem genuinen Sinn des Satzes schon gar nicht mehr stellt[39].

Der tiefe Einbruch, den Nietzsche damit in die Denkwelt der Nachkriegstheologie erzielte, kam nicht von ungefähr. Angebahnt war er durch überraschend positive Würdigungen, die er durch die Reflexion von JOHANNES B. LOTZ »Zwischen Seligkeit und Verdammnis« (von 1953), vor allem aber durch die Deutung seines Verhältnisses zum Christentum bei BERNHARD WELTE (von 1958) erfahren hatte[40]. An der in diesen Schriften entwickelten Interpretationskunst gemessen, nahm sich der Widerspruch, der sich gleichzeitig gegen ihn erhob, vordergründig und uneinsichtig, wenn nicht geradezu töricht aus[41]. Eine vollgewichtige Stimme erhob sich allenfalls im Einwand von ERIC VOEGELIN, der Nietzsche der Geschichte des »spekulativ begangenen« Gottesmordes zuordnete und ihn dadurch, ganz im Sinn seines Selbstverständnisses, zum Kronzeugen des neuzeitlichen Auflösungsprozesses erklärte[42].

Im Blick auf diese extrem kontroverse Bewertung stellt sich die Frage nach der Bedeutung von Nietzsches Kampf gegen das Christentum aufs neue. Alles deutet darauf hin, daß er heute, im Gegensatz zu seiner Selbsteinschätzung, aber auch zu seiner theologischen Aufwertung, weder als Antichrist noch als Gottsucher gelten kann. Eher noch könnte man ihn zu jenen Grenzgängern des Christentums rechnen, denen es noch stets gegeben war, durch ihre Provokationen erstarrte Fronten in Bewegung zu bringen. Ob diese Zuordnung zu Recht erfolgt, kann freilich nur die Erörterung seiner Positionen lehren.

ANMERKUNGEN

[1] Ecce homo. Warum ich so gute Bücher schreibe. § 2. Schon Ende März 1883 hatte er seiner Gönnerin MALWIDA VON MEYSENBUG geschrieben:»Wollen Sie einen neuen Namen für mich? Die Kirchensprache hat einen: ich bin – der Antichrist«. Was Nietzsches Taufspruch anlangt, so muß die zu Eingang seiner faszinierenden Nietzsche-Biographie von WERNER ROSS (Der ängstliche Adler. Friedrich Nietzsches Leben, Stuttgart 1980, 17f) geäußerte Vermutung, daß sich der Vater geirrt und den nichtexistenten Bibelvers Lk 9,66 ins Taufbuch eingetragen habe, im angegebenen Sinn berichtigt werden. Dazu RAINER BOHLEY, Nietzsches Taufe.»Was, meinest du, will aus diesem Kindlein werden?« In: Nietzsche-Studien IX, Berlin-New York 1980, 383–405.

[2] Der Text wird im IV. Kapitel mitgeteilt. Nietzsches Jugendfreund PAUL DEUSSEN erinnert sich an die»heilige, weltentrückte Stimmung« der beiden Konfirmanden, die bereit gewesen seien,»sogleich abzuscheiden, um bei Christo zu sein«. Nach RICHARD BLUNCK, Friedrich Nietzsche. Kindheit und Jugend, München-Basel 1953, 71. Im Nachlaß erhielt sich die bemerkenswerte Notiz:»Als Kind Gott im Glanze gesehn« (KSA VIII, 505).

[3] Nach NIETZSCHE, Zeitgemäßes und Unzeitgemäßes, hrsg. von KARL LÖWITH, Frankfurt/M. 1956, 29f.

[3a] Nach BLUNCK, a.a.O., 217. Auffällig ist die Übereinstimmung des Berichts mit der sprachtheoretischen Nachlaß-Aussage, auf die das Vorwort Bezug nahm.

[4] Nach BLUNCK, a.a.O., 80.

[4a] Dazu EDGAR SALIN, Vom deutschen Verhängnis. Gespräch an der Zeitenwende: Burckhardt-Nietzsche, Hamburg 1959.

[5] Dazu FREDERICK R. LOVE, Nietzsche's Saint Peter. Genesis and Cultivation of an Illusion, Berlin-New York 1981.

[6] A.a.O., 38f.

[7] An OVERBECK; nach ERICH F. PODACH, Friedrich Nietzsche und Lou Salomé. Ihre Begegnung 1882, Zürich 1938, 158.

[8] Aufgrund einer privaten Mitteilung veröffentlicht in der Biographie von H.F. PETERS, Lou Andreas Salomé. Das Leben einer außergewöhnlichen Frau, München 1977, 374f; dazu ferner RUDOLPH BINION, Frau Lou. Nietzsche's wayward disciple, Princeton 1968, 35–171.

[9] OVERBECK, Brief an Peter Gast (vom 31. Juli 1883).

[10] Wiedergegeben in der Monographie von PODACH, Friedrich Nietzsche und Lou Salomé, 140f.

[11] Zarathustra I: Von alten und jungen Weiblein.

[12] LOU ANDREAS-SALOME, In der Schule bei Freud, hrsg. von ERNST PFEIFFER, Zürich 1958, 155f.

[13] Brief an OVERBECK (vom 10. März 1884).

[13a] Der unter der despotischen Regie der Schwester in wiederholten Editionen als»Wille zur Macht« herausgebrachte Nachlaß liegt jetzt in der von GIORGIO COLLI und MAZZINO MONTINARI erarbeiteten Kritischen Gesamtausgabe und der darauf auf-

bauenden Kritischen Studienausgabe (KSA) vor, nach der hier überwiegend zitiert wird.

[14] Brief an GAST (vom 16. Dezember 1888).

[15] Brief an FUCHS (vom 18. Dezember 1888).

[16] In dem vom 6. Januar 1889 datierten Brief ließ Nietzsche BURCKHARDT wissen, daß er zuletzt doch »sehr viel lieber Basler Professor« wäre als Gott; doch habe er es nicht gewagt, seinen »Privat-Egoismus so weit zu treiben, um seinetwegen die Schaffung der Welt zu unterlassen«. Auch setze es seiner Bescheidenheit zu, »daß im Grunde jeder Name in der Geschichte« er selber sei. In einem Postskriptum fügt er hinzu, er habe »Kaiphas in Ketten legen lassen«; auch sei er »voriges Jahr von den deutschen Ärzten auf eine sehr langwierige Weise gekreuzigt worden«. Nach FRIEDRICH NIETZSCHE, Vorspiel einer Philosophie der Zukunft, hrsg. von KARL LÖWITH, Frankfurt/M. 1959, 213f. Wichtige Aufschlüsse über Nietzsches Zusammenbruch gibt der im selben Sammelband wiedergegebene Brief Overbecks an KÖSELITZ (PETER GAST), der von seinen bestürzenden Eindrücken in Turin berichtet (vom 15. Januar 1889). Nur noch gelegentlich habe der Umnachtete Fetzen aus seiner letzten Gedankenwelt hervorgestoßen »und dabei auch in kurzen mit einem unbeschreiblich gedämpften Tone vorgebrachten Sätzen sublime, wunderbar hellsichtige und unsäglich schauerliche Dinge über sich als den Nachfolger des toten Gottes vernehmen« lassen, »das Ganze auf dem Klavier gleichsam interpunktierend«, worauf dann wieder »Ausbrüche eines unsäglichen Leidens erfolgten«; doch überwogen dabei die Äußerungen über den Beruf, den er sich selbst als dem »Possenreißer der neuen Ewigkeiten« zuschrieb.

[17] Daß das Nietzsche-Klischee der Schwester dieser Entwicklung Vorschub leistete, hat WALTER KAUFMANN unterstrichen, der Nietzsche gleichzeitig gegen die »unverschämte« Rezeption durch den Nationalsozialismus in Schutz nimmt. Doch sosehr er dabei im Recht ist, muß doch auch gesehen werden, daß Nietzsche für diese Rezeption mit einer ganzen Reihe von Wendungen den verbalen Vorwand lieferte. Dazu KAUFMANN, Nietzsche. Philosoph – Psychologe – Antichrist (Originaltitel: Nietzsche. Philosopher, Psychologist, Antichrist), hrsg. von JÖRG SALAQUARDA, Darmstadt 1982, 8f.

[18] MAHLER vertonte in seiner 3. Sinfonie, die zunächst den Titel »Die fröhliche Wissenschaft« erhalten sollte, das Tanzlied »O Mensch! Gib acht!« aus dem dritten Teil des »Zarathustra«; STRAUSS komponierte die Sinfonische Dichtung »Also sprach Zarathustra. Frei nach Friedrich Nietzsche« (op. 30), für die ursprünglich der Untertitel »Symphonischer Optimismus in Fin-de-siècle-Form, dem zwanzigsten Jahrhundert gewidmet« vorgesehen war. Nach KURT BLAUKOPF (Gustav Mahler oder: Der Zeitgenosse der Zukunft, München 1973, 126–130), der im übrigen MAHLERS Dritte als »Kritik an Nietzsche« verstanden wissen will.

[19] Näheres dazu im IV. Kapitel.

[20] Daß das nicht nur für den GEORGE-KREIS gilt, zeigt der instruktive Beitrag von GÜNTER MARTENS, Im Aufbruch das Ziel. Nietzsches Wirkung im Expressionismus, in: Nietzsche. Werk und Wirkungen, hrsg. von HANS STEFFEN, Göttingen 1974, 115–166.

[21] Dazu LÖWITH, Nietzsche, nach sechzig Jahren, in: Gesammelte Abhandlungen zur Kritik der geschichtlichen Existenz, Stuttgart 1960, 133.

[22] FLAKE, Nietzsche. Rückblick auf eine Philosophie, Baden-Baden 1946.

[23] Von geradezu programmatischer Bedeutung ist dafür LÖWITHS Untersuchung »Von Hegel zu Nietzsche. Der revolutionäre Bruch im Denken des neunzehnten Jahrhunderts«, Stuttgart 1950. Gleichzeitig setzten, wenngleich mit unterschiedlichem Erfolg, editorische Bemühungen um Nietzsche ein, nachdem durch KARL SCHLECHTA das ganze Ausmaß der Fälschungen und Verzerrungen in den von der Schwester veranstalteten Editionen ans Licht gebracht worden war. Gekrönt wurden diese Bemühungen durch die von den italienischen Wissenschaftlern COLLI und MONTINARI erarbeitete Kritische Gesamtausgabe, die über das bereits bekannte Nachlaßmaterial hinaus eine Menge von Skizzen und Vorstudien bietet.

[24] Daß Nietzsche dabei auch wieder Gefahr läuft, zur Kultfigur stilisiert zu werden, zeigt die Tatsache, daß der um die Vergegenwärtigung von Nietzsches »Lebensauffassung« bemühte »Nietzsche-Kreis« seine Veröffentlichungen vom Juni/Juli-Heft 1981 an zunächst nach dem Jahr 137 nach Nietzsches Geburt und dann nach dem »Jahre 94 der neuen Zeitrechnung« datierte.

[25] Die Wiedergabe anderer Texte in der Expressionisten-Zeitschrift »Aktion« scheint die Schwester verhindert zu haben: MARTENS, Im Aufbruch das Ziel, 125f.

[26] EMIL GÖTT, Gesammelte Werke, hrsg. von ROMAN WOERNER, München 1919, LVI–LX.

[27] Nach MARTENS, a.a.O., 116.

[28] Dazu die einfühlsame Lebensbeschreibung von SUSANNE M. SORGE »Unterwegs«, 26; ferner REINHARD JOHANNES SORGE, Gericht über Zarathustra. Vision, München 1924, 34.

[29] Nach PETER PÜTZ, Friedrich Nietzsche, Stuttgart 1971, 78; dazu der von BRUNO HILLEBRAND hrsg. Band »Nietzsche und die deutsche Literatur I: Texte zur Nietzsche-Rezeption 1873 bis 1963, Tübingen 1978, 15.

[30] Dazu der Überblick von GISELA DEESZ, Die Entwicklung des Nietzsche-Bildes in Deutschland, Würzburg 1933; ferner die Ausführungen KARL LÖWITHS zur »Geschichte der Nietzsche-Deutung (1894–1954)« in: Nietzsches Philosophie der ewigen Wiederkehr des Gleichen, 199–225.

[31] HILLEBRAND, Nietzsche und die deutsche Literatur I, 15; 17.

[32] BECHER, Vom Anderswerden, Berlin 1952, 69.

[33] BENN, Nietzsche nach 50 Jahren, in: Gesammelte Werke I, Wiesbaden 1962, 482. Fast wörtlich wiederholt Benn dabei eine Formulierung ANDRE GIDES, der schon 1931 beim Wiederlesen von »Ecce homo« notiert hatte: »Il me semble que plus rien ne reste à dire, et qu'il suffise de le citer« (Journal 1889 bis 1939, Paris 1951, 1049).

[34] Näheres dazu im 4. Kapitel (S. 72f.) Der von LUDOLF MÜLLER verfaßte Lebensbericht (Solowjews Leben in Briefen und Gedichten. Ergänzungsband zur deutschen Gesamtausgabe, München 1977, 18–35) weist auf die Vorahnungen und Befürchtungen hin, die sich schließlich in Solowjews letztem und im Vorgefühl des nahen Todes veröffentlichten Werk, der »Kurzen Erzählung vom Antichrist«, manifestierten. Schon ein Brief vom 3. Juni 1897 enthält die Gedichtstrophe: »Ahnung, sie leitet mich, Unheil ist nah! Jemand bereitet sich, Bald ist er da!« (a.a.O., 184). Und auf der zweiten Seereise nach Ägypten, die der Dichter in Erinnerung an seine Sophienvision in der Wüste von Kairo antrat, fühlt er sich von einer leibhaftigen Erscheinung der »Kraft des Bösen« bedroht (a.a.O., 348). Für die literarische Verdeutlichung dieses apokalypti-

schen Vorgefühls zog Solowjew Leben und Selbstzeugnisse Nietzsches heran, so daß bei ihm bereits dasselbe Verfahren zu beobachten ist, dessen sich THOMAS MANN bei der Ausarbeitung seines »Doktor Faustus« bediente. Beide Male erscheint Nietzsche als der Prototyp einer Apokalypse, nur mit dem Unterschied, daß es sich bei Solowjew um eine religiös, bei Mann dagegen um eine profan verstandene Endzeit handelt. Dazu DOLF STERNBERGER, Deutschland im »Doktor Faustus« und »Doktor Faustus« in Deutschland, in: Merkur 29 (1975) 1123–1140.

[35] Dazu etwa die Schrift des Reichsgerichtsrats ADELBERT DÜRINGER, Nietzsches Philosophie und das heutige Christentum, Leipzig 1907.

[36] Näheres S. 73f.

[37] BENZ, Nietzsches Ideen zur Geschichte des Christentums und der Kirche, Leiden 1956, 178 (nach JASPERS).

[38] Dazu JOURDAIN BISHOP, Die Gott-ist-tot-Theologie, Düsseldorf 1968, und SIGURD DAECKE, Der Mythos vom Tode Gottes, Hamburg 1969; ferner J. SPERNA WEILAND, Orientierung: Neue Wege in der Theologie, Hamburg 1968, 125–143; sowie GERHOLD BECKER, Theologie in der Gegenwart, Regensburg 1978, 96–102. Zur Frage nach Sinn und Herkunft der Rede vom Tode Gottes EBERHARD JÜNGEL, Gott als Geheimnis der Welt, Tübingen 1977, 55–137.

[39] Auf seine Weise bestätigt das der von DAECKE gebotene Überblick (a.a.O., 33–38).

[40] LOTZ, Zwischen Seligkeit und Verdammnis. Ein Beitrag zum Thema: Nietzsche und das Christentum, Frankfurt/M. 1953; WELTE, Nietzsches Atheismus und das Christentum, Darmstadt 1958.

[41] Dazu etwa die Streitschrift von GEORG SIEGMUND, Nietzsches Kunde vom »Tode Gottes« (Berlin 1964), die den von Nietzsche begangenen »Gottes-Frevel« mit der Feststellung quittiert: »ein Wahnsinniger!« (74)

[42] VOEGELIN, Wissenschaft, Politik und Gnosis, München 1959, 63–85.

ZWEITES KAPITEL

CHRISTENTUMSKRITIK

oder:

»ICH ERHEBE DIE FURCHTBARSTE ALLER ANKLAGEN«

Zeit seines Lebens war Nietzsche ein gefährlicher Gegner. Als DAVID
FRIEDRICH STRAUSS, der Verfasser des berühmten »Leben Jesu«, kurz
nach Erscheinen der gegen ihn gerichteten Unzeitgemäßen Betrachtung
starb, glaubte Nietzsche sogar allen Ernstes, durch die Heftigkeit seiner
Attacke den raschen Tod des Angegriffenen mitverursacht zu haben.
Seine Wagner-Kritik, so meint er in »Ecce homo«, sei nur dem
verständlich, der »am Schicksal der Musik wie an einer offenen
Wunde« leide. Weil er es weder ertragen noch hinnehmen könne, daß
durch WAGNER die »Flöte des Dionysos« in eine »décadence-Musik«
verkehrt worden sei, habe er, der alte Artillerist, gegen den Musikver-
derber Wagner »schweres Geschütz« aufgefahren. In der »Götzen-
Dämmerung«, die gegen die gesamte philosophische Tradition seit
Sokrates zu Feld zieht, führt er dem Untertitel zufolge vor, »wie man
mit dem Hammer philosophiert«. Sein Angriff auf das Christentum
aber wird zu einem regelrechten Amoklauf.

Bekanntlich zitierte Nietzsche im Zuge seines von ihm auch sonst
geübten Verfahrens, christliche Texte gegen sich selbst sprechen zu
lassen, in der »Genealogie der Moral« einen Tertullian-Text, der so
enthemmt wirkt, daß HANS VON CAMPENHAUSEN dazu bemerkt, kein
Grieche, aber auch kein mittelalterlicher Christ habe jemals »etwas
derartig bis zum Sadismus Wildes, Grausig-Grandioses« zu Papier
gebracht[1]. Unbesehen hätte er dieses Urteil auch auf Nietzsche beziehen können, der sich im »Antichrist« und in den Schlußpassagen von
»Ecce homo« zu Ausbrüchen steigert, die in der Geschichte der
Sprachpolemik kaum ihresgleichen haben[2]. Er habe, so versichert er
hier, als erster – und darin stehe ihm der »ganze Rest der Menschheit
gegenüber« – die Widernatur im Wesen der christlichen Moral entdeckt, die als »kategorischer Imperativ« drohend und lastend über der
Menschheit hänge. Und am Schluß des »Antichrist« wirft er dem
Christentum vor, vampirhaft »jedes Blut, jede Liebe, jede Hoffnung«

aus den Adern des menschlichen Lebenswillens gesogen zu haben. Diese »ewige Anklage« wolle er »an alle Wände schreiben, wo es nur Wände gibt«; denn er habe »Buchstaben, um auch Blinde sehend zu machen«.

Der Eindruck dieses Amoklaufs könnte dazu verleiten, in Nietzsches Angriff auf das Christentum lediglich eine irrationale, von keiner Hemmung und Überlegung gezügelte Eruption von Haß und Leidenschaft zu sehen. Nichts wäre indessen verkehrter als dieses Urteil! Denn im Innersten seines Hasses bleibt Nietzsche der kalt berechnende Stratege. Und zudem versteht er seinen Kampf gegen das Christentum als die konsequente Fortführung seiner Kulturkritik, zu der er sich durch die Einsicht getrieben sieht, daß die gesamte abendländische Bildung und Kultur christlich imprägniert und dadurch auf die schiefe Ebene der Dekadenz geschoben worden sei. Hier drehen sich die Dinge freilich im Kreis. Die abendländische Kultur treibt nach Nietzsches Verständnis in einen Zustand der Selbstaufhebung hinein, weil sie sich der christlichen Dekadenz-Bewegung verschrieb; und diese muß bekämpft werden, weil sie das Kernstück einer dekadenten Gesamtkultur bildet. Es liegt auf der Hand, daß Nietzsches kritisches Vorgehen von diesem Zirkel nicht unberührt bleiben konnte. Grund genug, sein Verfahren genauer ins Auge zu fassen. Denn Nietzsche bildet auch in dem Sinn einen Höhepunkt des kritischen Denkens, daß er die Kritik als solche in einem neuen Stil betrieb.

Das kritische Ingenium

Wichtig ist in diesem Zusammenhang schon die Feststellung, daß Nietzsche, trotz seiner Herkunft aus einem pietistisch gestimmten Pfarrhaus, genuin religiöse Erfahrungen abgingen. »Eigentliche religiöse Schwierigkeiten zum Beispiel kenne ich nicht aus Erfahrung«, versichert er in seinem Lebensrückblick »Ecce homo«. Tatsächlich erwecken auch diejenigen Jugendgedichte, die sich vom Durchschnitt der konventionellen abheben, nicht so sehr den Eindruck des wirklich Erlebten als vielmehr des Anempfundenen[3]. Unwillkürlich fühlt man sich an den vom jungen Nietzsche bewunderten HÖLDERLIN erinnert, dem das zum 72. Geburtstag der Großmutter verfaßte Christusgedicht bei aller Größe der Schau und Darstellung zuletzt doch zu einer Pflichtübung, wenngleich auf höchstem Niveau, geriet[4]. Was sich in

Nietzsches frühen, noch unpolemischen Äußerungen niederschlägt, ist somit, aufs Ganze gesehen, ein Christentum aus zweiter Hand. Entdeckt und wahrgenommen hat er es dagegen erst bei seinem Angriff, als er ihm in der Rolle des erbitterten Kritikers und Bekämpfers entgegentrat. Daraus erklärt sich dann auch am besten die Hellsichtigkeit seiner Strategien, die Treffsicherheit des Zustoßes. Wie er dabei das Christentum zu Gesicht bekommt, wirkt in der Tat wie eine neue Sicht, in manchen Stücken geradezu wie eine Entdeckung.

In einem gewissen Spannungsverhältnis steht dazu ein Zweites: Nietzsche führt seine Attacke weitgehend mit fremden, nicht mit eigenen Waffen. Was er in der »Genealogie der Moral« und vor allem im »Antichrist« gegen das Christentum vorbringt, ist weitgehend das Gedankengut seines Freundes und theologischen Beraters OVERBECK, der in der Frage der Christentumskritik mit Nietzsche zu einer ähnlich intensiven Kooperation gelangte, wie sie in der Frage der Daseinsanalyse ein halbes Jahrhundert später BULTMANN mit HEIDEGGER verband[5]. Wie schon HENRI DE LUBAC vermutete und HANNA SPENCER durch Textvergleiche vollends glaubhaft machte, bewegte sich der Religions- und Christentumskritiker Nietzsche vor allem aber auf den Spuren HEINES, obwohl er seiner Taktik entsprechend, immer nur die nebensächlichen Quellen anzugeben, diese für ihn besonders wichtige »Vorstufe« mit Schweigen übergeht[6].

So bedient sich Nietzsche auf diesem für ihn entscheidenden Kampfplatz zwar fremder Waffen; doch gebraucht er sie auf seine unverwechselbare Weise. Das ist schon seinem Sprachklang zu entnehmen. Zwar greift er gerade auf dem Höhepunkt seiner Religionskritik auf Wendungen HEINES zurück, doch redet er gerade dabei in seiner eigenen Diktion, Tonlage und Sprache. So heißt es bei Heine von dem in humanitäre Ideale und Programme aufgelösten Gott der ausgehenden Neuzeit:

> Wir sahen, wie er sich noch mehr vergeistigte, wie er sanftselig wimmerte, wie er ein liebevoller Vater wurde, ein allgemeiner Menschenfreund, ein Weltbeglücker, ein Philanthrop – es konnte ihm alles nichts helfen – Hört ihr das Glöckchen klingeln? Kniet nieder – Man bringt die Sakramente einem sterbenden Gotte[7].

Demgegenüber registriert Nietzsche, ungleich aggressiver, im »Antichrist«:

Er wird jetzt Duckmäuser, furchtsam, bescheiden, rät zum »Frieden der Seele«, zum Nicht-mehr-Hassen, zur Nachsicht, zur »Liebe« selbst gegen Freund und Feind. Er moralisiert beständig, er kriecht in die Höhle jeder Privattugend, wird Gott für jedermann, wird Privatmann, wird Kosmopolit...[8]

Kritik großen Stils

Wie schon diese erste Gegenüberstellung lehrt, herrscht bei aller Weggemeinschaft doch ein eklatanter Unterschied. Wo sich Heine in Ironie, Sarkasmus und Persiflage ergeht, spricht Nietzsche aggressiv, bisweilen auch pathetisch, immer aber in einem Ernst, der nur durch ein uneingestandenes Betroffensein zu erklären ist. Man muß es ihm abnehmen, daß er im Christentum seine größte Herausforderung sieht und doch, wie er in einem an OVERBECK gerichteten Briefwort betont, niemals »gemein« gegen es wurde. Wohl aber macht er sich in seinem Kampf »mit ihm gemein«. Wie er dabei bereits vorgegebene Positionen bezieht, so suchte er es jetzt mit seinen eigenen Waffen zu schlagen. Das ist der Fall seines »Zarathustra«, den KARL LÖWITH zutreffend als Nietzsches »antichristliche Bergpredigt« bezeichnete[9]. In der Rolle des Bergpredigers Zarathustra sucht Nietzsche die christliche Heils- und Morallehre dadurch zu überbieten, daß er sie gegen sich selbst wendet und ihr dabei bis in die Sprache und Bildwahl hinein verhaftet bleibt.

Bei diesem Vorgehen konnte es nicht ausbleiben, daß Nietzsche bei seiner Bekämpfung des Christentums schließlich geradezu in christlich anmutende Positionen verfiel. Schon sein Jesusbild kommt, bei aller Aversion, in entscheidenden Zügen seiner eigenen Zielsetzung nah. Auf den Wahnsinnsbotschaften, die er während der Tage seines Zusammenbruchs in alle Welt versandte, unterzeichnet er wechselweise mit »Dionysos« und »Der Gekreuzigte«. Und auf der Fahrt in die Basler Irrenklinik läßt der Umnachtete, wie OVERBECK mit allen Anzeichen der Erschütterung berichtet, schauerliche Dinge über sich als den Nachfolger des toten Gottes vernehmen[10]. So bietet Nietzsches Kritik des Christentums, schon bei der ersten Annäherung, einen zutiefst zwiespältigen Eindruck. Sie ist Angriff und Überbietung zugleich: Zerstörungswerk, das insgeheim die Wiederherstellung des Zerstörten in neuer und – zumindest nach Nietzsches Ansicht – gültigerer Form betreibt. Und es kann nicht verwundern, daß Nietzsche einmal in einer

Äußerung gegenüber LOU SALOME eine rückläufige Bewegung seiner Kritik für denkbar erklärte:

> Wenn alle Combinationsmöglichkeiten erschöpft wären –, was folgte dann noch? Wie? Müßte man nicht wieder beim Glauben anfangen; Vielleicht bei einem katholischen Glauben? ... In jedem Fall könnte der Kreis wahrscheinlicher sein als der Stillstand[11].

Das gibt Nietzsches Kritik einen einzigartigen Stellenwert. Zwar versucht auch sie, die Schwachstellen der gegnerischen Position ausfindig zu machen und mit zerstörerischer Vehemenz in sie einzubrechen. Im Unterschied zur Polemik des üblichen Stils geht sie aber zugleich aus einer »kämpferischen Einfühlung« in die kritisierte Sache hervor. Das kommt zunächst seiner destruktiven Absicht zustatten. Denn mit beispielloser Scharfsichtigkeit erkennt Nietzsche, wo das christliche »System« seine verwundbaren Angriffsstellen bietet. Doch beschränkt sich seine »kämpferische Einfühlung« keineswegs auf die Schwächen der gegnerischen Position. So kommt es, daß Nietzsche oft mitten in seinem Angriff mit Einblicken überrascht, mit denen man bei diesem erklärten Gegenspieler des Christentums zuletzt gerechnet hätte. Was er bei seinem Kampf gewinnt, ist ein ungewöhnliches, in Einzelzügen geradezu neues Bild von Christentum und Christus, das Freund und Feind, Gläubige wie Ungläubige gleicherweise angeht.

Nietzsche ist keineswegs, wie man vielfach annimmt, der geborene Kritiker von Religion und Christentum. Zwar sind bei ihm schon früh Ablösungs- und Ausbruchsversuche zu verzeichnen; doch halten sie sich durchweg im Rahmen einer dynamischen Entwicklung. Was seinen Widerspruch aber schon früh, nicht zuletzt unter dem Eindruck seiner Erziehung, herausfordert, ist das Kulturgeschehen, das ihn umgibt und mit dem er sich, trotz aller Identifizierungsversuche, je länger desto weniger abzufinden vermag. Er sieht sich konfrontiert mit einer Welt der kulturellen Sättigung und politischen Euphorie. Ihr ist er schon dadurch entfremdet, daß er sich als »Wahrsagevogel-Geist« vorkommt, »der zurückblickt, wenn er erzählt, was kommen wird«[12]. Was er kommen sieht, ist die Sturmflut des Nihilismus, die alles mit unaufhaltsamer Gewalt ins Verderben reißt. Dabei richtet sich sein Nihilismusverdacht nicht nur gegen das Christentum, obwohl er in ihm eine der Hauptursachen der drohenden Katastrophe erblickt, sondern auch gegen die von ihm vertretene Moral und darüber hinaus auf die gesamte abendländische Kultur und Bildung. Damit sind auch schon die Vorzugsfelder seiner Kritik genannt; und beim letzten, der Bildung, setzt sein Vorstoß auch historisch gesehen an.

Das geschieht zunächst schon in den Unzeitgemäßen Betrachtungen, vor allem aber in der (unabgeschlossenen) Vortragsfolge »Über die Zukunft unserer Bildungsanstalten« und zumal in dem Essay »Über Wahrheit und Lüge im außermoralischen Sinne« (von 1873). Hier gibt Nietzsche dann auch schon zu verstehen, daß seine Kultur- und Bildungskritik nicht zuletzt aus seinem gespannten Verhältnis zur Wahrheit hervorgeht. Denn der Mensch ist in dieser Welt, in der er nur als Wissender überleben kann, verhängnisvoll allein gelassen, da ihm die Natur »das Allermeiste« verschweigt:

> Sie warf den Schlüssel weg: und wehe der verhängnisvollen Neubegier, die durch eine Spalte einmal aus dem Bewußtseinszimmer heraus und hinabzusehen vermöchte, und die jetzt ahnte, daß auf dem Erbarmungslosen, dem Gierigen, dem Unersättlichen, dem Mörderischen der Mensch ruht, in der Gleichgültigkeit seines Nichtwissens und gleichsam auf dem Rücken eines Tigers in Träumen hängend. Woher, in aller Welt, bei dieser Konstellation der Trieb zur Wahrheit!

Der spätere Nietzsche glaubt die Antwort auf diese Frage gefunden zu haben. Wahrheit ist für ihn nur noch »eine Stellung verschiedener Irrtümer zueinander«. Und der Mensch ist jenes seltsame Lebewesen, das ohne diese Konstellation von Irrtümern nicht auskommen kann. Mit ihrer Hilfe täuscht er sich über die Realität hinweg, die er in ihrer Ungeheuerlichkeit nicht zu ertragen vermöchte. Unerträglich ist ihm vor allem der »schreckliche Grundtext homo natura«, der ihm selbst zugrunde liegt. Um über diesen Abgrund seiner selbst hinwegzukommen – schon AUGUSTINUS hatte von dem »Abgrund Mensch« (homo abyssus) gesprochen –, schafft er sich eine »schmeichlerische Übermalung« in Gestalt seiner Bildungssysteme. Bildung ist für Nietzsche lediglich eine Ausflucht, ein Mittel der Selbsttäuschung, vor allem dann, wenn sie zum Selbstzweck erhoben wird. Dann droht sie ihre Adepten wie eine stürzende Bildsäule zu erschlagen. Nicht umsonst mahnt Zarathustra seine Schüler und Verehrer:

Hütet euch, daß euch nicht eine Bildsäule erschlage![13]

Noch weit härter geht Nietzsche mit dem »glitzernden Phantom« Kultur ins Gericht, nicht zuletzt auch deshalb, weil sich ihm der Genius einer »höheren Kultur« in der Gestalt RICHARD WAGNERS verkörpert hatte, von dem er sich in der Folge künstlerisch wie menschlich aufs schwerste enttäuscht fühlte[14]. Das schlug mit voller Wucht auf seine Kulturkritik zurück. Mit der Kultur verhält es sich noch immer wie mit der »glänzenden Traumgeburt der Olympischen«, mit der sich die Griechen über die »Schrecken und Entsetzlichkeiten des Daseins« hinwegzutrösten, hinwegzutäuschen suchten. Zwar steigt das Herrschaftsgebilde Kultur hoheitsvoll, wie eine Pyramide, aus den Niederungen der menschlichen Mittelmäßigkeit empor; doch ist es längst schon vom Strom des Nihilismus unterwühlt, so daß es früher oder später in sich zusammenbrechen muß.

Zum Sturz verurteilt ist die Kultur vor allem dadurch, daß ihre tragenden Pfeiler, Philosophie und Moral, brüchig geworden sind. Mit ihnen wurde die Lebensfeindlichkeit zum Prinzip erhoben. Durch die Philosophie, weil sie sich seit PLATON einer idealen »Hinterwelt« verschrieb und dadurch die Erscheinungswelt des Faktischen, Konkreten und zumal des Leiblichen zum »Schein« erklärte. Damit arbeitet die Philosophie seit Platon insgeheim dem christlichen Asketismus mit seiner Sinnenverachtung und Leibfeindlichkeit vor. Für Nietzsche, den Freund der plakativen Formulierung, Anlaß genug, das Christentum umgekehrt einen »Platonismus fürs Volk« zu nennen[15]. Bei der Rückfrage nach dem Grund, der die Philosophie von ihren platonischen Anfängen an in diesen Zwiespalt treibt, stößt er auf eine Spur, die nach ihm von KLAGES (Der Geist als Widersacher der Seele) und BUBER (Reflexion als Behinderung der Spontaneität) weiterverfolgt wurde. Doch schon Zarathustra hatte seine Jünger gefragt:

Geist ist das Leben, das selber ins Leben schneidet: an der eigenen Qual mehrt es sich das eigne Wissen, – wußtet ihr das schon?[16]

Schlimmeres aber geschah noch durch die Moral; denn in der »Hieroglyphenschrift« der menschlichen Moral-Vergangenheit entziffert Nietzsche immer nur eins: den nackten Widerwillen gegen das Leben, den Willen zum Nichts. Weit davon entfernt, den Menschen zur vollen Höhe seines Seinkönnens zu führen, trägt gerade die Moral daran die Schuld, daß der mächtigste und prachtvollste Typus Mensch niemals erreicht wurde, und daß die Welt statt dessen von lauter Fragmenten des Menschseins bevölkert ist. Damit macht sich Nietzsche einen Gedanken des von ihm schon in den Jugendjahren bewunderten HÖLDERLIN zu eigen, der in seinem »Hyperion« die traurige Feststellung trifft:

> Es ist ein hartes Wort, und dennoch sag ich's, weil es Wahrheit ist: ich kann kein Volk mir denken, das zerrißner wäre, wie die Deutschen. Handwerker siehst du, aber keine Menschen, Denker, aber keine Menschen, Priester, aber keine Menschen, Herren und Knechte, Jungen und gesetzte Leute, aber keine Menschen – ist das nicht, wie ein Schlachtfeld, wo Hände und Arme und alle Glieder zerstückelt untereinanderliegen, indessen das vergoßne Lebensblut im Sande zerrinnt?[17]

So ist die Moral, wie Nietzsche in Anspielung auf die Versucherin des Odysseus sagt, die seine Gefährten in Schweine verwandelt, die »Circe der Menschheit«, die zur Herabsetzung und »Dämpfung« des Lebensgefühls verführt; ja, sie ist für ihn geradezu eine den Willen zum Dasein untergrabende »Krankheit«[18]. Deshalb muß man »die Moral vernichten, um das Leben zu befreien«[19].

Wenn man Nietzsches harte Moralkritik im Ohr hat, kann man nur mit Überraschung feststellen, daß er in der Frage der Religionskritik vergleichsweise mildere Töne anschlägt. Das hat drei Gründe, die sich sowohl aus Nietzsches Vorstellung vom Ursprung und Ende der Religion als auch aus seiner Auffassung von ihrem Verhältnis zur Moral ergeben. Ihren Ursprung hat die Religion in dem unausrottbaren Hang des Menschen zur Selbstverschwendung. Denn der Mensch ist jenes zwiespältige Wesen, das von seiner eigenen Größe, empfinde er sie nun als Macht, Hoffnung oder Glück, immer wieder überrascht wird. Unfähig, sich diese Qualitäten selbst zugute zu halten, deutet er sie als die Gewährungen einer über ihm stehenden Instanz, die er zugleich als den Inbegriff dieser Qualitäten denkt. In »königlicher Freigebigkeit« hat er so seine höchsten Vorzüge an Gott abgetreten, nur um sich selbst zu verarmen und das anbeten zu können, was er doch im Grunde selber war[20]. So ist die Religion eine Folge des gebrochenen Identitätswillens, die »Ausgeburt eines Zweifels an der Einheit der Person, eine altération der Persönlichkeit«[21]. Mit seiner

Proklamation des Übermenschen gebietet Nietzsche diesem Vorgang endgültig Einhalt. Schon im Winter 1870/71 notierte er: »Das Ende der Religion ist da«[22]. Und in den Entwürfen zu der (unausgeführten) Unzeitgemäßen Betrachtung »Wir Philologen« versichert er nochmals:

> Mit den Religionen, welche an Götter, an Vorsehungen, an vernünftige Weltordnungen, an Wunder und Sakramente glauben, ist es vorbei... Es ist kein Zweifel, der Gegensatz von einer reinen unkörperlichen Seele und einem Leibe ist fast beseitigt. Wer glaubt noch an eine Unsterblichkeit der Seele![23]

Zu Ende geht es mit aller Religion aber vor allem deshalb, weil die durch Nietzsche in Gang gesetzte Denkbewegung darauf abzielt, die an den transzendenten Gott abgetretenen Qualitäten für den Menschen zurückzugewinnen. In bildhafter Umschreibung rät dazu der Aphorismus »Excelsior!«, der abschließend von dem See erzählt, »der es sich eines Tages versagte, abzufließen, und einen Damm dort aufwarf, wo er bisher abfloß«[24]. Mit geradezu programmatischer Entschiedenheit sagt das vor allem aber eine Nachlaßaufzeichnung zur »Kritik der Religion«:

> All die Schönheit und Erhabenheit, die wir den wirklichen und eingebildeten Dingen geliehen haben, will ich zurückfordern als Eigentum und Erzeugnis des Menschen: als seine schönste Apologie[25].

Was schließlich das Verhältnis von Religion und Moral anlangt, so hat die Religion in der Sicht Nietzsches sowenig mit Moral zu tun wie diese mit Religiosität[26]. Zum Verhängnis des Abendlands aber gehörte es, daß in seiner Geschichte mit Judentum, Christentum und Islam »wesentlich moralische Religionen« zur Herrschaft gelangten. Damit erreichten die lebensfeindlichen Tendenzen ihren Höhepunkt. Denn mit ihnen wurde die Abkehr vom Dasein zum Gott erhoben. Deshalb müssen sie gerade von ihrer Spitze, dem Christentum, her bekämpft werden. Zu verneinen ist in ihnen allerdings nur, wie Nietzsche mit einer bedeutsamen Einschränkung sagt, der moralische Gott, mit dessen Beseitigung zwar die auf ihn gegründeten Religionen, nicht aber die Religion und Religiosität selbst getroffen wären. Mit verblüffender

Offenheit bekennt sich dazu ein dialogisch gehaltenes Nachlaß-Fragment:

> Ihr nennt es die Selbstzersetzung Gottes: es ist aber nur seine
> Häutung: – er zieht seine moralische Haut aus! Und ihr sollt ihn
> bald wiedersehen, jenseits von Gut und Böse[27].

Diese überraschende Prognose wirft den Gedankengang nochmals zurück auf die Ausgangsfrage nach dem Profil und Stil von Nietzsches Kritik. Daß sie sich in Absicht und Prozedur von den sonst praktizierten Formen unterscheidet, sagt Nietzsche mit letzter Deutlichkeit in »Ecce homo«, wenn er versichert:

> Ich widerspreche, wie nie widersprochen worden ist, und bin
> trotzdem der Gegensatz eines neinsagenden Geistes[28].

Wenn das keine bloße Behauptung sein soll, muß sich Nietzsches Kritik bis zu jenem Punkt zurückverfolgen lassen, wo in seinem lautstarken, in Negationen geradezu schwelgenden Nein ein wenn auch noch so heimliches Ja hörbar wird. Mit dieser Gegensinnigkeit ist schon angesichts der Radikalität seiner Kritik zu rechnen. Denn sie begnügt sich nicht damit, die jeweils bekämpfte Position von außen her anzugreifen, um dabei jene Schwachstellen ausfindig zu machen, an denen sie am wirksamsten bekämpft werden kann. Vielmehr bemächtigt sie sich ihrer mit solcher Vehemenz, daß die Gegnerschaft zuletzt in einen Akt der Identifikation umschlägt. Zumindest umklammert sie die gegnerische Position mit solcher Heftigkeit, daß der kritische Zugriff zur »Hohlform« wird, der die bekämpfte Sache regelrecht »entnommen« werden kann. So hat schon JASPERS den Stil dieser Kritik verstanden, wenn er bemerkt:

> Es ist bei Nietzsche immer wieder nach dem Kampfe, ja im
> Kampfe schon wie ein Aufhören des Kampfes, wenn er den
> Gegner miteinbezieht, sich gleichsam in ihn verwandelt, ihn nicht
> vernichten will, sondern seine Fortdauer wünscht, auch sogar die
> Fortdauer des Christentums, gegen das er doch das écrasez
> l'infâme wiederholt hatte[29].

Das hebt Nietzsches Kritik weit über die traditionellen Angriffe auf

Religion und Christentum hinaus. Anders als die Vorwürfe, die von FEUERBACH bis FREUD und RUSSELL gegen das Christentum erhoben wurden, beschränkt sie sich nicht darauf, die Glaubenssätze in Frage zu stellen oder auf die Fehlleistungen, Mißgriffe, Entgleisungen und Unmenschlichkeiten in der Geschichte der Christenheit hinzuweisen. Vielmehr stößt sie, mitten im Frontalangriff, ins Zentrum der christlichen Sache vor, um sie von dort her aufzurollen. Damit gewinnt Nietzsche, wie bereits angedeutet, einen ganz ungewöhnlichen Einblick in sie, ein Bild von Christus und Christentum, das aus einem Identifikationsgeschehen geschöpft und weder von historischen noch von theologischen Vermittlungen verstellt ist. Es ist das Bild, wie es immer dann entsteht, wenn zwei Gegner in der Verschlingung des Kampfes plötzlich ihre Gemeinsamkeit entdecken. Nach diesem Bild muß geforscht werden; denn ihm liegt, mehr als jeder formellen Ausage, seine noch immer nicht voll begriffene Botschaft an Christentum und Theologie zugrunde. Zunächst aber steht seine Christentumskritik selbst zur Diskussion. Wie also stellt sich sein Angriff im einzelnen dar?

Ein Fiktionssystem

Auf diese Frage muß mit einer Doppelauskunft geantwortet werden; denn Nietzsche verfährt zweigleisig, zugleich systemkritisch und genealogisch. Den ersten Angriffsplan entwickelt er in der »Götzen-Dämmerung«, wenn er erklärt:

> Das Christentum ist ein System, eine zusammengedachte und ganze Ansicht der Dinge. Bricht man aus ihm einen Hauptbegriff, den Glauben an Gott, heraus, so zerbricht man auch das Ganze: man hat nichts Notwendiges mehr zwischen den Fingern[30].

Das klingt wie eine Anleihe aus dem kritischen Gedankengut KIERKEGAARDS, der, noch ohne antikirchliche Spitze, den Systemdenkern seiner Zeit vorgeworfen hatte, sie glichen dem Erbauer eines großen, hochgewölbten Palastes, der aber noch nicht einmal auf den Gedanken kommt, darin Wohnung zu nehmen, sondern es vorziehe, nebenan in einer Scheune, wenn nicht gar in einer Hundehütte zu hausen[31]. Diesen fundamentalen Vorwurf überträgt Nietzsche auf das

Christentum. Es ist für ihn, als Lehre wie als hierarchischer Aufbau, ein System. Das bedingt seinen Glanz und seine Größe, aber auch seine Lebensferne und – Anfälligkeit. Denn als System ist es eine freischwebende Konstruktion, die ihre Festigkeit einzig und allein der Verspannung der Elemente verdankt. Deshalb lautet Nietzsches Angriffsplan, wie er ihn zuletzt im »Antichrist« formuliert:

> Ein Begriff hier weg, eine einzige Realität an dessen Stelle – und das ganze Christentum rollt ins Nichts![32]

Selten ist ein Angriffsplan so klar entworfen, selten aber auch so inkonsequent durchgeführt worden wie dieser. Zunächst wirkt die von Nietzsche entworfene Strategie freilich höchst einleuchtend. Wenn das Christentum ein System ist – allerdings auch nur dann –, braucht nur der alles verklammernde Zentralbegriff herausgebrochen zu werden, um das Ganze zum Einsturz zu bringen. Insofern setzt sich die Kritik des Christentums konsequent in die seines Gottesbegriffs fort, und umgekehrt unterscheidet sich diese dann von den gewohnten Formen des Atheismus und der Gottesleugnung dadurch, daß sie nicht als Selbstzweck betrieben wird, sondern stets in einem funktionalen Kontext steht: sei es, daß Gott zu dem Zweck geleugnet wird, die an ihn abgetretenen Attribute, wie eingangs vermerkt, für den Menschen zurückzugewinnen; sei es, daß die Gottesleugnung das Ziel verfolgt, dem Christentum den Todesstoß zu versetzen[33]. Den tiefsten Grund dieses Vorgehens nennt jedoch erst eine Nachlaßnotiz (von 1888), die Gott für den nihilistischen Grundcharakter des Christentums haftbar macht:

> Weiß man es noch nicht? Das Christentum ist eine *nihilistische* Religion um ihres Gottes willen...[33a]

Mit seiner Botschaft vom Tod Gottes verfolgt Nietzsche somit ein übergreifendes Ziel. Mit ihr holt er zum entscheidenden Schlag aus, der mit dem Christentum zusammen die Religion selbst treffen – und vernichten soll. So zeigt es sich vor allem, wenn man den Schlüsseltext seiner Gotteskritik, die Parabel vom »tollen Menschen«, zur Verdeutlichung heranzieht. Sie spricht vom Tod Gottes, um dem vom Christentum unterdrückten Leben wieder zu seinem Recht zu verhelfen. Mit dem Tod Gottes hat sich darum das ganze Christentum in ein einziges

Mausoleum verwandelt, und zwar in ein Mausoleum, in dem – niemand beigesetzt ist. Nicht umsonst fragt der »tolle Mensch« am Schluß seiner Geschichte:

Was sind denn diese Kirchen noch, wenn sie nicht die Grüfte und Grabmäler Gottes sind?

Nietzsche müssen dann aber doch Zweifel an der Effektivität seines Vorgehens, Zweifel vor allem aber an den Voraussetzungen seiner Strategie, ja sogar an ihrer Notwendigkeit gekommen sein. Denn im Grunde bedarf es des von ihm so lautstark erklärten »Todkriegs« gegen das Christentum gar nicht, weil dieses schon von sich aus in einem Zustand der »Selbstauflösung« begriffen ist[34]. Was not tut, ist lediglich eine Diagnose, nicht, oder doch nur noch bedingt der Kampf. Wenn aber die Diagnose auf »Selbstauflösung« lautet, hat das eindeutig zur Voraussetzung, daß das in seine Agonie eingetretene Christentum weit mehr einem Organismus als einem System entspricht. Nur Organismen können sterben und sich danach in ihre Bestandteile auflösen. Als Organismus aber ist das Christentum für Nietzsche nicht nur an Haupt und Gliedern, sondern auch in seiner Herzmitte, dem Gottesglauben, erkrankt. Denn unter den Bedingungen der neuzeitlichen Lebenswelt ist dieser Glaube längst unglaubwürdig und als »unsre längste Lüge« entlarvt worden[35]. Deshalb geht es mit dem Christentum unaufhaltsam zu Ende. In der Sicht Nietzsches ist das allerdings ein Schicksal, das es mit allen großen Kulturgestalten teilt. Wie alles Große, was die menschliche Geistesgeschichte hervorbrachte, ist es von innen her dazu verurteilt, an sich selbst und seinen Hervorbringungen zugrunde zu gehen. Nachdem es längst schon als »Dogma« zugrunde ging, steht es nun im Begriff, sich auch als »Moral« zu erledigen, und zwar aufgrund seiner extremen »Zucht zur Wahrheit«. Denn sie brachte es dazu, daß es in der historischen Kritik eine Methode entwickelte, die ihm buchstäblich den Boden unter den Füßen wegzog. Wörtlich versichert Nietzsche gegen Ende der »Genealogie der Moral«:

Nachdem die christliche Wahrhaftigkeit einen Schluß nach dem andern gezogen hat, zieht sie am Ende ihren stärksten Schluß, ihren Schluß gegen sich selbst; dies aber geschieht, wenn sie die Frage stellt «was bedeutet aller Wille zur Wahrheit?«[36]

Als wacher Beobachter dieser Szene sieht sich Nietzsche darum am »Sterbebette des Christentums« stehen, betroffen und hingerissen von diesem grandiosen Schauspiel »in hundert Akten, das den nächsten zwei Jahrhunderten Europas aufgespart bleibt«, diesem »furchtbarsten, fragwürdigsten und vielleicht auch hoffnungsreichsten aller Schauspiele«[37].

Was am Ende dieser Agonie noch fortbesteht, sind Schatten, auf die sich Nietzsche besonders versteht, weil er das Gefühl hatte, wie Odysseus ins Schattenreich hinabgestiegen zu sein und dort »Hadesgespräche« geführt zu haben[38]. Als bedrohlichster Schatten aber blieb von dem, was einst anbetungswürdig war, der Schatten des toten Gottes zurück. Im Ton einer Legende, die zunächst von dem – vom toten Buddha zurückgebliebenen – »schauerlichen Schatten« zu berichten weiß, sagt das der Eingangsaphorismus zum dritten Buch der »Fröhlichen Wissenschaft«, der in der Mutmaßung gipfelt:

Gott ist tot: aber so wie die Art der Menschen ist, wird es vielleicht noch jahrtausendelang Höhlen geben, in denen man seinen Schatten zeigt. – Und wir – wir müssen auch noch seinen Schatten besiegen![39]

In einer Vorstudie dazu hatte Nietzsche auch schon erkennen lassen, was er unter diesem »Schatten« versteht: »Man nennt ihn auch Metaphysik«[40]. Auf derselben Linie liegt auch die in der »Götzen-Dämmerung« geäußerte Befürchtung, wir würden Gott nicht los, »weil wir noch an die Grammatik glauben«[41]. Wenn es gelänge, die Urfrage der Metaphysik nach dem Sinn des Seienden zum Stillstand zu bringen und die Sprache von ihrer Bindung an Gott in Gestalt des grammatikalischen Ordnungsgefüges loszuketten, wäre mit dem Christentum endgültig reiner Tisch gemacht. Dann wäre es mit ihm vorbei, gleichgültig, ob es durch seine eigene Agonie oder durch den gegen es geführten »Todkrieg« dazu gekommen wäre.

Eine Auslegungsgeschichte

Vermutlich erklärt es sich aus der Konkurrenz dieser Vorstellungen – Kampf oder Diagnose –, daß Nietzsche dieser ersten Strategie, von deren Schlagkraft er wohl selbst nicht voll überzeugt ist, eine zweite, die genealogische, entgegensetzt. Damit spielt er die psychologische Karte gegen das Christentum aus. In seiner »Genealogie der Moral«, so versichert er in »Ecce homo«, habe er die »Psychologie des Christentums« entwickelt; denn sie beschreibe, wie er in Anspielung auf den Titel seiner berühmten Frühschrift sagt, »die Geburt des Christentums aus dem Geiste des Ressentiments«[42]. Was es mit dieser »Geburt« genauerhin auf sich hat, faßt er dann in den Gedanken, daß das Christentum aus einem – wahrhaft weltverändernden – Interpretationsakt hervorgegangen sei und deshalb als eine einzige »Auslegungsgeschichte« angesehen werden müsse. Es ist, wie Nietzsche sich ausdrückt, die »Geschichte des schrittweise immer gröberen Mißverstehens eines ursprünglichen Symbolismus«[43]. An ihrem Anfang steht das Faktum des gewaltsamen Todes Jesu, den die Jünger als die »schauerlichste Paradoxie« empfanden[44]. Nicht nur, daß dieser »unerwartete schmähliche Tod«, der die Sache Jesu radikal zu widerlegen schien, ihr Gefühl »im tiefsten beleidigte«; sie dachten auch nicht daran, ihrem Meister »diesen Tod zu verzeihen«, der sie vor das eigentliche Rätsel stellte: »Wer war das? Was war das?«[45]

Am Anfang stand somit dieses eine Faktum, nein, »es hing am Kreuz«. Weil es von den Jüngern als »schreckliches Fragezeichen« empfunden wurde, setzte es die christliche Auslegungsgeschichte in Gang, die von Gefühlen der Bestürzung, der Empörung, des Ressentiments und der Rache stimuliert wurde. Im Zug dieser Auslegungsgeschichte kamen hauptsächlich vier Komplexe ins Spiel, die in der Folge »über das Christentum Herr geworden« sind: der paulinische Judaismus, der Platonismus Augustins, die Mysterienkulte auf dem Umweg über den Erlösungsglauben und der Asketismus mit seiner Feindschaft gegen Natur und Sinnlichkeit[46]. Bahnbrecher dieses Prozesses war PAULUS, der mit einem wahren »Logiker-Zynismus« zu Werk ging und auf die frohe Botschaft Jesu die allerschlimmste folgen ließ[47]. Indem er die Lüge vom »wiederauferstandenen Jesus« aufbrachte und damit das ganze Schwergewicht der Dinge hinter das Dasein verlegte, schlug er den Erlöser erst wirklich ans Kreuz – »an sein Kreuz«. Denn der »frohe Botschafter« starb, wie er lebte und lehrte; sein Tod bezweckte nichts, er verfolgte weder eine menschliche noch göttliche Absicht; er war allenfalls »die stärkste Probe« auf die Lehre Jesu.

Vom Instinkt der Rache geleitet, stilisierte Paulus den Kreuzestod Jesu nun aber zu einer bewußten Sühneleistung um, zu einem »Opfer«.

Mehr noch: Er brachte die Frage der Fortexistenz nach dem Tod in eine »Kausalverbindung mit jenem Opfer« und rückte dadurch den »Begriff Schuld und Sünde in den Vordergrund«. So verfälschte Paulus das Attentat Jesu auf Priester und Theologen in sein Gegenteil, indem er einer »neuen Priesterschaft und Theologie« Vorschub leistete und dadurch gerade das wieder im großen Stil aufrichtete, »was Christus durch sein Leben annulliert hatte«. Insbesondere wurde »in dem Begriff ›Kirche‹ gerade das heiliggesprochen..., was der ›frohe Botschafter‹ als unter sich, als hinter sich empfand«[48]. So brachte es die Ironie im großen Welten-Spiel mit sich, daß die »Menschheit vor dem Gegensatz dessen auf den Knien liegt, was der Ursprung, der Sinn, das Recht des Evangeliums war«[49].

Im Ergebnis heißt das: »Das ›Christentum‹ ist etwas Grundverschiedenes von dem geworden, was sein Stifter tat und wollte«[50]. Vor allem aber ist die Kirche »exakt das, wogegen Jesus gepredigt hat – und wogegen er seine Jünger kämpfen lehrte«[51]. Damit gewinnt die Christentumskritik Nietzsches aber auch schon ein überraschendes Profil. Sie entspricht nur sehr bedingt dem, was man von ihm, dem ebenso erbitterten wie radikalen Gegner des Christentums, erwartet. Zwar richtet sie sich mit voller Wucht gegen das Christentum, besonders in seiner institutionalisierten Gestalt als Kirche; doch geht sie mit ihrer Stoßrichtung an der Figur des Stifters bewußt vorbei. Denn für Jesus bleibt in dieser Sicht der Zusammenhänge strenggenommen kein Raum. Er hat, wie JASPERS bestätigt, »mit der Geschichte des Christentums eigentlich nichts zu tun«[52]. Im Grunde, so dekretiert der »Antichrist«, gab es nur »Einen Christen, und der starb am Kreuz«[53]. So besteht im »Planquadrat« von Nietzsches Angriffszielen eine deutliche Eskalation, die sich von der Bildung über die Kultur zur Moral und von hier zu den Vorzugszielen Religion und Christentum ständig steigert, dann aber in jähem Umschlag die Zentralgestalt des Christentums, Jesus, beiseite nimmt.

Flankierende Maßnahmen

»Erst wir, wir freigewordenen Geister, haben die Voraussetzung dafür, etwas zu verstehen, das neunzehn Jahrhunderte mißverstanden wurde«, versichert Nietzsche im Blick auf die von ihm dargestellte »Auslegungsgeschichte«[54]. Doch auch am Ziel dieser Strategie erweckt er keineswegs den Eindruck eines überlegenen Siegers. Vielmehr zeigt sich hier nochmals dieselbe Inkonsequenz, die schon bei seiner Systemkritik des Christentums zu beobachten war. Wie er diese durch die Idee der Selbstauflösung untermauerte, ist es ihm auch hier nicht damit genug, die Christentumsgeschichte als die Geschichte eines fortwährenden Kontinuitäts- und Identitätsverlustes ausgewiesen zu haben, durch die sich das Christentum zunehmend seinem Ursprung entfremdete. Getreu der Maxime Zarathustras, daß das, was stürzt, auch noch umgestoßen werden müsse, sucht er vielmehr die Wirkung seiner »Analyse« dadurch zu verstärken, daß er gegen die Verfallsgestalt des Christentums, wie er sie zeichnet, eine beispiellose Sprachpolemik entfesselt[55].

In erster Linie wirft er dem Christentum vor, mit seiner »Todfeindschaft« gegen alles Lebendige und Wirkliche den Lebenswillen selbst untergraben und durch seine »Sklavenmoral« die lebensteigernden Werte entthront zu haben. Aus diesem grundlegenden Vorwurf leitet sich dann eine ganze Reihe von Einzelattacken her. Mit seinem Entschluß, die Welt häßlich zu finden, habe das Christentum sie erst wirklich »häßlich« gemacht und den »Teufel an die Wand der Welt gemalt«[56]. So habe es die Unwissenheit zur Tugend erhoben, den Zweifel zur Sünde erklärt, dem Eros Gift zu trinken gegeben und damit bewirkt, daß er zum Laster entartete[57]. Man glaubt eine Erinnerung an SCHILLERS Gedicht »Die Götter Griechenlands« (von 1788) zu hören, wenn er hinzufügt, das Christentum sei wie der »böse Frost einer langen Nacht« über die von ihm verneinte Welt und ihr blühendes Leben gefallen[58]. Eine letzte Steigerung dieser Aggressionen bringt die große End-Abrechnung im »Antichrist«, der, wie der in letzter Stunde vorgenommene Austausch der Untertitel zeigt, aus dem ersten Buch der »Umwertung« zu Nietzsches Schluß-Urteil über das Christentum geworden war[59]. Ohne das Christentum, wie der Ausdruck »Fluch« erwarten läßt, formell zu verfluchen, nennt Nietzsche es hier doch das bisher »größte Unglück, den einen großen Fluch, den einen unsterblichen Schandfleck der Menschheit«. Und er versichert gerade in diesem Zusammenhang, er »habe Buchstaben, um auch Blinde sehend zu machen«[60].

So wuchtig diese Sprachpolemik klingt, geht ihr die volle Durchschlagskraft aber doch schon dadurch ab, daß sie bewußt an der Gestalt Jesu vorbeizielt. Das lenkt den Blick nochmals auf die erstaunliche Tatsache, daß Nietzsche nicht nur zwei gegensinnige Strategien entwickelt, sondern diese dann auch noch durch »flankierende Maßnahmen«

ergänzt hat. Im ersten Fall war es die auf die Systemkritik des Christentums aufgestockte Idee der »Selbstauflösung«, im zweiten Fall die zur Verstärkung der »genealogischen« Kritik entfesselte Sprachpolemik. Das aber spricht nicht nur für den erstaunlichen Einfallsreichtum von Nietzsches kritischem Ingenium, sondern auch von einer letzten Unschlüssigkeit in der Frage, wie dem von ihm lebenslang bekämpften Christentum am wirkungsvollsten beizukommen sei. Angesichts dieser Unschlüssigkeit wird man sich fragen müssen, wo der Schwerpunkt dieser vielfältigen Christentumskritik liegt und wo ihr demgemäß genauer nachgegangen werden muß. Die Antwort auf diese Frage ist eindeutig. Denn so lautstark die Sprachpolemik in die Ohren dröhnt und so hellsichtig die Nacherzählung der Auslegungsgeschichte zu Werk geht, wird die Sache des Christentums doch zweifellos am unmittelbarsten von Nietzsches Systemkritik getroffen. Sie hatte er, wie erinnerlich, im »Antichrist« auf die knappe Formel gebracht:

Ein Begriff hier weg, eine einzige Realität an dessen Stelle – und das ganze Christentum rollt ins Nichts!

So schwer es auszumachen ist, durch welche »Realität« der herausgebrochene Schlüsselbegriff ersetzt werden soll, besteht an diesem selbst doch nicht der geringste Zweifel. Es ist, wie Nietzsche mit aller Klarheit sagt, der Gottesbegriff, in dem er das christliche System so verankert sieht, daß es seine ideologische und gesellschaftliche Festigkeit in erster Linie ihm verdankt. Damit bestätigt sich die bereits gewonnene Erkenntnis, daß Nietzsches Kritik des christlichen Gottesbegriffs nicht für sich genommen werden darf, sondern als der Versuch angesehen sein will, die am Christentum geübte Systemkritik buchstäblich auf die Spitze zu treiben. Ebenso wäre Nietzsches Atheismus nur unvollständig begriffen, wenn er lediglich als das von ihm gegebene »Zeichen« der Übereinkunft mit den »vielleicht zehn bis zwanzig Millionen Menschen unter den verschiedenen Völkern Europas« verstanden würde, »welche nicht mehr an Gott glauben«, wie er es in der »Morgenröte« von sich und seinen Gesinnungsgenossen gefordert hatte[61]. Er gehört vielmehr integrierend in den Kontext seiner Christentumskritik hinein, die ohne ihn bloßer Anlauf, allenfalls ein Vorgefecht bliebe. Er ist ihre Speerspitze, der entscheidende Schlag, den Nietzsche gegen den verhaßten »Römerbau« zu führen sucht[62]. Deshalb muß darauf eigens abgehoben werden.

Wie aber steht es mit der »Realität«, die an die Stelle des herausge-
brochenen Gottesbegriffs – offensichtlich nach Art eines Sprengsatzes –
eingesetzt werden muß? Im Umkreis der Stelle, die diesen Vorschlag
entwickelt, fehlt jeder erläuternde Hinweis. Wohl aber gibt Nietzsche
in einem früheren Abschnitt des »Antichrist« zu verstehen, daß mit der
»Realität« der Erfinder der Rede von Gott, von seinem Reich und
seinem Willen, also der Priester, gemeint ist. Das läuft auf eine
»psychologische« Erklärung des christlichen Gottesglaubens schlechten
Stils hinaus. Er hat dann lediglich, wie es die Trivialkritik am
Christentum auch stets behauptete, als raffinierter Betrug der Priester
zu gelten, die dadurch ihre parasitäre Existenzform zu sichern wußten.
Das aber liegt, trotz mancher Anklänge, eindeutig unter Nietzsches
kritischem Niveau.

Ihm ungleich gemäßer wäre es zweifellos, wenn man bei dem
Stichwort »Realität« nicht an den Erfinder, sondern an den Mittler
denken würde, zumal Nietzsche den Gekreuzigten ohnehin als das
einzige »Faktum« in der langen Fiktionsgeschichte des Christentums
gelten läßt. Wenn man sich zudem vergegenwärtigt, daß für ihn das
Christentum dasjenige ist, »was der ›frohe Botschafter‹ als unter sich,
als hinter sich empfand«, müßte eine Konfrontation Jesu mit dem, was
sich als seine Stiftung ausgibt, für diese tödlich auswirken. Nietzsches
Verhältnis zu Jesus war freilich zu gebrochen, als daß er sich zu dieser
Strategie verstanden hätte. Zwar bringt er Jesus in eine scharf betonte
Gegenstellung zum Christentum; doch kommt er nicht auf den
Gedanken, ihn polemisch gegen dieses auszuspielen. So bleibt er bloßes
Konstrukt, obwohl er ganz auf seiner Linie liegt. Doch schon die
Möglichkeit ist Grund genug, Nietzsches »antichristliches« Jesusbild in
die Betrachtung einzubeziehen. Damit sind auch schon die beiden
nächsten Schritte vorgezeichnet.

ANMERKUNGEN

1 Es handelt sich um Auszüge aus TERTULLIANS Kampfschrift »Über die Schauspiele«, die den oftmals zum blutigen Tod im Theater verurteilten Christen die Genugtuung in Aussicht stellt, die sie beim Endgericht erwartet, wenn die »Statthalter, die den Namen des Herrn verfolgten, in gräßlicheren Flammen zergehen als denjenigen, mit denen sie so lustig gegen die Christen gewütet haben« (c. 30); dazu CAMPENHAUSEN, Lateinische Kirchenväter, Stuttgart 1960, 30; ferner die Ausführungen meiner Studie »Religiöse Sprachbarrieren. Aufbau einer Logaporetik«, München 1980, 202.

2 Dazu das Kapitel »Verbalpolemik und Sprachaggression« in der eben erwähnten Untersuchung (208–223).

3 Dazu GÜNTHER AUGUSTIN, Nietzsches religiöse Entwicklung, Stuttgart 1936, 8f; 19ff. Hier findet sich auch der vielsagende Hinweis darauf, daß sich Nietzsche über seine Konfirmation, bei der sein Freund Paul Deussen Zeichen großer religiöser Ergriffenheit an ihm zu konstatieren glaubte, in seinen Aufzeichnungen ausschweigt (10f) und daß er, bezeichnend für seinen Sprachgebrauch, niemals von »Gott«, sondern nur vom Gottesgedanken, vom Schicksal oder einem höheren Wesen spricht (12).

4 HÖLDERLIN, Meiner verehrungswürdigen Großmutter zu ihrem 72. Geburtstag.

5 In einem Nachlaßfragment »Zum Urchristentum und seinen Schriften« ergänzt OVERBECK eine Aufzeichnung Nietzsches zum »Antichrist«, die sich auf die Behandlung des »Personalproblems Jesu« durch Paulus bezieht, mit der Bemerkung: »Es ist das eine zwischen uns Beiden, mir und Nietzsche, oft und vielbesprochene Frage, lange bevor Nietzsche mit dem Christentum soweit daran war, wie in seiner letzten Periode. Doch dämmerte uns Beiden wohl schon damals, daß, eben weil es Paulus so mit jenem Personalproblem, wie Nietzsche sagt, hat halten können, das theologische Leben Jesu nie etwas Anderes als Leerstrohdreschen werden kann« (Christentum und Kultur, hrsg. von CARL ALBRECHT BERNOULLI von 1919, Darmstadt 1963, 42).

6 Das gilt insbesondere für Heines Essay »Zur Geschichte der Religion und Philosophie in Deutschland« (von 1834). Ähnlich verfährt er mit den Quellen, denen er seine Lehre vom Übermenschen und von der Ewigen Wiederkunft entnahm. Während er im ersten Fall immerhin das metaphorisch verschlüsselte Zugeständnis macht, er habe das Wort »Übermensch« vom Wege aufgelesen (Zarathustra III, Von alten und neuen Tafeln, § 3), sucht er im zweiten, zur Betroffenheit des darüber ungehaltenen Overbeck, den Eindruck einer originären Entdeckung zu erwecken, den er noch durch den geheimnistuerischen Stil seiner Mitteilungen darüber zu unterstreichen sucht: BERNOULLI, Franz Overbeck und Friedrich Nietzsche II, 217.

7 HEINE, Zur Geschichte der Religion und Philosophie in Deutschland, Schluß des zweiten Buchs.

8 Der Antichrist § 16.

9 So der Titel eines Vortrags, den KARL LÖWITH im April 1962 an der Universität von Turin hielt, in: Heidelberger Jahrbücher VI (1962, 39–50).

10 BERNOULLI, Franz Overbeck und Friedrich Nietzsche II, 234. Bekanntlich konnte das als Quelle außerordentlich wichtige Werk von BERNOULLI aufgrund eines von der Archivleiterin ELISABETH FÖRSTER-NIETZSCHE erzwungenen Gerichtsentscheids nur in einer an zahlreichen Stellen eingeschwärzten und um eine beträchtliche Anzahl von

Seiten gekürzten Form erscheinen. Inzwischen wurden jedoch die fehlenden oder unleserlich gemachten Stellen durch den Herausgeber der Kritischen Gesamtausgabe, MAZZINO MONTINARI rekonstruiert und in den Nietzsche-Studien veröffentlicht.

11 L. ANDREAS-SALOME, Friedrich Nietzsche in seinen Werken, Wien 1894, 49.

12 KSA XIII, 190.

13 Zarathustra I: Von der schenkenden Tugend, § 3.

14 Eine auf sexuelles Fehlverhalten abzielende Vermutung WAGNERS, von der Nietzsche zu einem nicht mehr bestimmbaren Zeitpunkt erfuhr, hatte diesen, wie aus einem Brief an OVERBECK hervorgeht, tödlich verletzt; dazu CURT PAUL JANZ, Die »tödtliche Beleidigung«. Ein Beitrag zur Wagner-Entfremdung Nietzsches, in: Nietzsche-Studien IV (1975) 263–278.

15 So die Vorrede zu »Jenseits von Gut und Böse« (von 1885).

16 Zarathustra II: Von den berühmten Weisen; IV: Der Blutegel.

17 HÖLDERLIN, Hyperion II, § 7.

18 Ecce homo, Warum ich so gute Bücher schreibe, § 5; Warum ich ein Schicksal bin, § 7.

19 KSA XII, 376.

20 KSA XIII, 305f.

21 KSA XIII, 307.

22 Nachlaß (Die Unschuld des Werdens I) § 66.

23 NIETZSCHE, Gedanken und Entwürfe zu »Wir Philologen« (1875) § 168.

24 Die fröhliche Wissenschaft IV, § 285.

25 Wie Anm. 19.

26 KSA XII, 163f.

27 Nachlaß (Die Unschuld des Werdens II) § 949.

28 Ecce homo: Warum ich ein Schicksal bin, § 1.

29 JASPERS, Nietzsche und das Christentum, München 1963, 73.

30 Götzen-Dämmerung: Streifzüge eines Unzeitgemäßen, § 5.

31 KIERKEGAARD, Tagebuchaufzeichnung von 1846; ferner »Die Krankheit zum Tode« (Ausgabe RICHTER 1962) 42.

32 NIETZSCHE, Der Antichrist, § 39.

33 Wie Nietzsche die Kritik des christlichen Gottesbegriffs betreibt, ist Gegenstand des nächsten Kapitels.

33a KSA XIII, 525.

34 Den Ausdruck »Todkrieg« gebraucht NIETZSCHE im Zusammenhang mit einer »Kriegserklärung«, die unter dem Titel »Gesetz wider das Christenthum« vermutlich als Ergänzung zum »Antichrist« vorgesehen war. Näheres dazu im Kommentarband (XIV) der Kritischen Studienausgabe, 448–453.

35 Die fröhliche Wissenschaft V, § 344.

36 Zur Genealogie der Moral III, § 27. Schon am Ende seiner Leipziger Studienjahre schrieb NIETZSCHE, daß er von der Theologie nur so weit Notiz genommen habe, wie

ihn »die philologische Seite der Evangelienkritik und der neutestamentlichen Quellenforschung anzog«; nach BLUNCK, Friedrich Nietzsche. Kindheit und Jugend, 112.

37 Morgenröte I, § 92.

38 »Auch ich bin in der Unterwelt gewesen wie Odysseus, und ich werde es noch öfters sein«, erklärt er in »Menschliches, Allzumenschliches« (§ 408); dazu mein Beitrag »Nietzsche und Dante. Ein werkbiographischer Strukturvergleich, in: Nietzsche-Studien V (1976) 146–177.

39 Die fröhliche Wissenschaft III, § 108.

40 KSA XV, 253.

41 Götzen-Dämmerung: Die »Vernunft« in der Philosophie, § 5. Dazu DIETER HENKE, Gott und Grammatik. Nietzsches Kritik der Religion, Pfullingen 1981; ferner KARL SCHLECHTA, Nietzsche über den Glauben an die Grammatik, Nietzsche-Studien I (1972) 353–358.

42 Ecce homo. Warum ich so gute Bücher schreibe: Genealogie der Moral.

43 Der Antichrist, § 37.

44 A.a.O., § 40.

45 Ebd.

46 KSA XIII, 161.

47 Der Antichrist, §§ 42ff.

48 A.a.O., § 36.

49 Ebd.

50 KSA XIII, 114.

51 KSA XIII, 98.

52 JASPERS, Nietzsche und das Christentum, 19.

53 Der Antichrist, § 39.

54 Der Antichrist, § 36.

55 Näheres zu diesem Begriff in meiner Untersuchung »Religiöse Sprachbarrieren«, 198–208.

56 Die fröhliche Wissenschaft III, § 130; Menschliches, Allzumenschliches II/II, § 78.

57 Morgenröte IV, § 321; Jenseits von Gut und Böse IV, § 168; aus den Aufzeichnungen zu der geplanten Unzeitgemäßen Betrachtung »Wir Philologen« (§ 162).

58 Der Antichrist, § 62.

59 Die Umschrift des Untertitels aus »Versuch einer Kritik des Christentums« in »Fluch auf das Christentum« dürfte mit der Niederschrift des »Gesetzes wider das Christentum« zusammenhängen, das vermutlich als Schluß des »Antichrist« vorgesehen war. Auf jeden Fall läßt die Titeländerung erkennen, daß NIETZSCHE den Plan eines systematischen Hauptwerks, das der »Antichrist« eröffnen sollte, zugunsten jener historischen »Sprengwirkung« aufgegeben hatte, die er sich nach »Ecce homo« insbesondere von seinen letzten Schriften erwartete. Dazu die Ausführungen des Kommentarbandes zur Kritischen Studienausgabe (XIV) 434 ff.

60 Hier dürfte ERICH F. PODACH richtig gesehen haben, wenn er bemerkt, daß er definitive Untertitel dem »Antichrist völlig unangemessen« sei. Denn abgesehen davon, daß

Nietzsche zwar viel geschimpft, aber nie geflucht habe, widerspreche der Titel der ganzen Tendenz der Schrift, die von der Überwindung Christi und der eigenen Heraufkunft seines Widersachers Nietzsche rede. So habe der »Antichrist zwei Titel und keinen«: Friedrich Nietzsches Werke des Zusammenbruchs, Heidelberg 1961, 69. Ihm widerspricht JÖRG SALAQUARDA mit seinem Beitrag »Der Antichrist«, in: Nietzsche-Studien II (1972) 91–136.

[61] Morgenröte I, § 96.

[62] Die fröhliche Wissenschaft V, § 358.

DRITTES KAPITEL

GOTTESKRITIK

oder:

»IHR NENNT ES DIE SELBSTZERSETZUNG GOTTES«

Noch immer steht Nietzsche in den Augen vieler, auch philosophischer Beobachter der geistigen Szene als der entschiedenste und wortgewaltigste Protagonist des modernen Atheismus da. Er verstehe es, so betont WILHELM WEISCHEDEL unter Berufung auf eine Eccehomo-Stelle, als seine »große Bestimmung..., eine Art Krisis und höchste Entscheidung im Problem des Atheismus herbeizuführen«[1]. So beginne mit ihm, radikaler noch als mit FEUERBACH, ein Denken, das »sich die Lüge im Glauben an Gott verbietet« und damit die »Hypothese eines Gottes« endgültig über Bord werfe[2]. Indessen hatte schon KARL BARTH in seiner »Kirchlichen Dogmatik« an die Feststellung Nietzsches erinnert, daß er »den Atheismus weder als Ergebnis noch als Ereignis« kenne, und daraus gefolgert, daß Nietzsches Herz weder »an der Bestreitung der Existenz Gottes« noch an den dafür ins Feld geführten Argumenten gehangen habe, um so mehr jedoch an dem von ihm mit aller Macht unternommenen Angriff auf die Position der »christlichen Moral«[3].

Wenn es dafür noch eines Beweises bedürfte, so erbrächten ihn jene überraschenden Äußerungen, die Gott eine »Überlebenschance« einräumen, weil der atheistische Todesstoß Gott nicht in seiner Göttlichkeit, sondern lediglich in seiner Rolle als höchstes Moralprinzip getroffen habe. Zwar fragt sich Nietzsche in einer Nachlaß-Aufzeichnung selbstkritisch: »Hat es einen Sinn, an einen Gott ›jenseits von Gut und Böse‹ zu denken?« Und er stellt diese gewichtige Frage durchaus mit verneinender Tendenz; doch bekennt er sich gleichzeitig zu der Überzeugung: »Im Grunde ist ja nur der moralische Gott überwunden«[4]. Das klingt nicht nur wie eine Kritik an dem allgemein herrschenden, sondern fast schon wie eine Einschränkung seines eigenen Atheismus. Daß es Nietzsche damit durchaus Ernst war, zeigt das Nachlaß-Fragment, das die angebliche »Selbstzersetzung Gottes«

als seine bloße »Häutung« erklärt und seine Wiederkehr »jenseits von Gut und Böse« in Aussicht stellt[5].

Was an Gott verneint und bekämpft werden kann, ist danach nur die von ihm ausgeübte Herrschaft über das menschliche Denken, Streben und Wollen, also die »imperatorische« Funktion des Gottesbegriffs, nicht jedoch die Göttlichkeit Gottes, nicht seine Existenz. Und nicht genug damit; Nietzsche überbietet diesen Gedanken noch mit der These, daß nicht einmal der Standpunkt FEUERBACHS, wonach der Gottesgedanke lediglich als eine Selbstprojektion des Menschen zu gelten habe, einen echten Einwand gegen Gott bilden könne. Auf bewegende Weise sagt er das in einer schwer lesbaren, auf schrägen Zeilen hingeworfenen Nachlaß-Aufzeichnung vom Herbst 1881:

> GOTT
> Wir haben ihn mehr geliebt als
> uns und ihm nicht nur unsern »einge-
> borenen Sohn« zum Opfer
> gebracht.
> Ihr macht es euch zu leicht, ihr Gott-
> losen! Gut, es mag so
> sein, wie ihr sagt: die Menschen
> haben Gott geschaffen – ist dies
> ein Grund, sich nicht mehr um
> ihn zu kümmern?[6]

Diese Äußerungen verstärken sich gegenseitig zu einem solchen Gewicht, daß sie zu einem Umdenken in der Frage nach dem Sinn von Nietzsches Atheismus zwingen. Unter ihrem Eindruck geht es nicht länger an, ihn wie bisher als Selbstzweck anzusehen. Zwar verfiel Nietzsche nicht selten in die Tonart eines militanten Atheismus. Doch sah er seine Hauptaufgabe keineswegs darin, den Gottesglauben, auf dessen Spuren er allenthalben stieß, zu beseitigen, um in Sachen des Atheismus, wie er sich in der »Morgenröte« ausdrückt, endlich »reinen Tisch zu machen«[7]. Vielmehr steht sein Atheismus primär im Dienst seiner Christentumskritik, so wie diese ihrerseits im Zentrum seiner Kulturkritik steht. Er betreibt seine Kritik des christlichen Gottesbegriffs nicht um ihrer selbst willen, sondern in der Absicht, damit den verklammernden Schlußstein aus dem Systemgebäude des Christenglaubens herauszubrechen.

Dennoch verfiele man in das entgegengesetzte Extrem, wenn man in Nietzsches Atheismus lediglich die mächtigste Waffe in seinem Kampf gegen das Christentum erblicken würde. Wenn man sich vergegenwärtigt, daß ihm das Christentum und insbesondere die christliche Moral als Inbegriff der Lebensverneinung gilt, läßt sein Angriff auf den »moralischen Gott« vielmehr einen durchaus positiven Hintersinn erkennen. Mit ihm sucht Nietzsche das entscheidende Hindernis wegzuräumen, das sich dem Menschen auf dem Weg zu seiner vollen Größe entgegenstellt. Immer wieder betont er deshalb, am deutlichsten in dem Aphorismus »Excelsior!« der »Fröhlichen Wissenschaft« (§ 285), daß es ihm bei seinem Angriff auf Gott um einen Akt der Restitution zu tun sei. Was die Menschheit in einer ungeheuerlichen Selbstverschwendung an den nackten Gott abgetreten habe, um ihn im Prunkgewand seiner Herrlichkeit verehren zu können, das müsse nun endlich für sie reklamiert und damit für den wahren Eigentümer zurückgewonnen werden[8]. Denn es gehe nicht an, daß die Ströme des menschlichen Überflusses noch länger ins göttliche Nirgendwo abfließen[9].

Mit dem Ausdruck »Übermensch« hat Nietzsche diese Idee einer »gottlosen« Optimierung des Menschen auf den Begriff gebracht, obwohl er schon im »Zarathustra« davon in auffällig distanzierter Weise spricht. Zunächst aber belehrt Zarathustra seine Jünger also:

> Seht, welche Fülle ist um uns! Und aus dem Überflusse heraus ist es schön hinaus zu blicken auf ferne Meere.
> Einst sagte man Gott, wenn man auf ferne Meere blickte; nun aber lehrte ich euch sagen: Übermensch[9a].

Wenn man den Gedanken auf seinen Antrieb zurückverfolgt, steht Nietzsches Atheismus nicht nur in einem betont anthropologischen Kontext, sondern darüberhinaus auch in einem weitgespannten geistes- und motivgeschichtlichen Zusammenhang[10]. Ihm geht es um eine Umgewichtung der Wirklichkeit insgesamt. Suchte die gläubige Vernunft das Schwergewicht des Wirklichen in Gott, den sie als den Inbegriff des Seienden zu erweisen suchte, so liegen für Nietzsche alle Seinsrechte im Diesseits, und es kommt ihm darauf an, diese Rechte vollends vom Himmel des Göttlichen auf die Erde zurückzuholen. So wirkt seine atheistische Argumentation wie eine Umkehrung des von ANSELM VON CANTERBURY geschaffenen Gottesbeweises, den KANT in seiner Kritik den »ontologischen« nannte und der nach einer bis in die Gegenwart fortdauernden Diskussion von HERMANN LOTZE am Schluß seines »Mikrokosmos« in die bündige Form gekleidet wurde:

Wäre das Größte nicht, so wäre das *Größte* nicht, und es ist ja unmöglich, daß das Größte von allem Denkbaren *nicht* wäre[11].

Wie gerade diese Kurzfassung zeigt, versucht das von Anselm – im Bruch mit der Tradition der klassischen, von der Weltwirklichkeit ausgehenden Gottesbeweise – entwickelte Argument, aus der allumgreifenden Größe des Gottesbegriffs die Existenz dieses unübersteiglich Größten herzuleiten. In Nietzsches Atheismus handelt es sich um den umgekehrten Versuch, durch die Sprengung des Gottesbegriffs die volle Welt- und Lebenswirklichkeit zurückzugewinnen. In seiner atheistischen Abwandlung müßte der Satz Lotzes somit lauten: *Wäre* Gott, der Inbegriff des Seins, so wäre der Mensch nicht der *Größte*; und es ist ja unmöglich, daß der Mensch es aushielte, wenn er nicht der *Größte* wäre!

Die zentrale Dokumentation

Das gibt den Blick frei auf das berühmteste und eindrucksvollste Dokument von Nietzsches Gotteskritik: auf den Aphorismus »Der tolle Mensch«, der ursprünglich dem Zarathustra-Komplex zugedacht war, dann aber der »Fröhlichen Wissenschaft« zugeschlagen wurde, die Nietzsche als den im voraus verfaßten Kommentar zum »Zarathustra« bezeichnete[12]. Im dritten Buch dieses Werkes holt er, genauer besehen, sogar zweimal zum Schlag gegen den christlichen Gottesglauben aus. Zunächst im Eingangs-Aphorismus, der unter dem Titel »Neue Kämpfe« von der Notwendigkeit spricht, den vom toten Gott zurückgebliebenen »ungeheuren Schatten« zu beseitigen. Was er darunter versteht, bleibt zunächst dunkel. Doch hatte er sich – wie bereits mitgeteilt – in einer Vorskizze deutlicher geäußert, die mit der Aufforderung »Hütet euch vor dem Schatten Gottes« die Begründung verbindet: »Man nennt ihn auch Metaphysik«. Auf derselben Linie liegt die in der »Götzen-Dämmerung« geäußerte Befürchtung, wir würden »Gott nicht los, weil wir noch an die Grammatik glauben«[13].

Schon die Szenerie ist bedeutsam. Denn der Aphorismus nimmt

Bezug auf die buddhistische Erzählung von einer Höhle, in der noch jahrhundertelang nach Buddhas Tod ein Schatten zu sehen gewesen sei: ein »ungeheurer schauerlicher Schatten«[14]. Die Anspielung auf das platonische Höhlengleichnis ist offensichtlich, zumal es gleichfalls von den Schattenspielen erzählt, die von den in dem unterirdischen Verließ Gefesselten gesehen – und für die Wirklichkeit gehalten werden. Wie PLATON geht es auch Nietzsche um die Befreiung aus dieser Schattenwelt, dies jedoch mit diametral entgegengesetzter Zielsetzung. Denn während der platonische Befreiungsweg in die Helle des von der Sonne des Guten erleuchteten Ideenreiches führt, zielt Nietzsches Befreiungsakt in die Helle seines Mittags, den er – wiederum in der »Götzen-Dämmerung« – als den »Augenblick des kürzesten Schattens« und als das Ende des (mit Platon beginnenden) »längsten Irrtums« bezeichnet[15]. Das aber ist die Mittagshelle eines von keiner Vermittlung mehr behinderten, zur Weltwirklichkeit unmittelbar gewordenen Daseins. Hier zeigt sich, daß Nietzsche den Kern der Sache traf, als er seine Philosophie als einen »umgedrehten Platonismus« ausgab[16]. Gleichzeitig zeigt sich aber auch, daß sein Angriff einem Christentum galt, in welchem er – nach der Vorrede zu »Jenseits von Gut und Böse« – einen »Platonismus fürs Volk« erblickt. Vor allem aber verdichtet sich der Eindruck, daß es bei seinem Atheismus tatsächlich um eine Umkehrung des anselmischen Gottesbeweises geht. Führte dort der »größte Gedanke des Menschen« (JEAN PAUL) zur Gewißheit über die Existenz Gottes, so wischt er nun umgekehrt diese äußerste Horizontlinie weg, um so den Weg zur unverstellten Weltwirklichkeit zu gewinnen. Dieses Ziel verfolgt er mit seiner Erzählung vom »tollen Menschen«.

Die Geschichte von dem Außenseiter, der seine Zeit- und Leidensgenossen mit der Nachricht vom Tod Gottes überrascht, hatte Nietzsche schon einmal, in dem wenig geglückten Aphorismus »Die Gefangenen« im zweiten Band von »Menschliches, Allzumenschliches« erzählt[17]. Angeregt, wie zu vermuten ist, durch den auch bei dem altchristlichen Apologeten ATHENAGORAS überlieferten Satz des Pythagoreers PHILO-LAOS VON KROTON, daß das All von der Gottheit »wie von einem Gefängnis« umschlossen werde, entwirft er hier das Bild von einem Gefängnishof, auf dem sich ein Gefangener mit der Behauptung hervortut, er sei in Wahrheit der Sohn des Gefängniswärters, der einer beginnenden Revolte auf die Spur gekommen sei und alle, die in das Vorhaben verstrickt seien, mit einem furchtbaren Strafgericht bedrohe.

Doch könne er, der Sohn, unter der Bedingung Straffreiheit erwirken, daß man ihm Glauben schenke. Da widerspricht ihm der »letzte der Gefangenen« mit der Nachricht, daß der Gefängniswärter »soeben gestorben« sei. Doch der Angegriffene bleibt bei seinem Anspruch, auf den die Gefangenen jedoch nur mit Skepsis und Gleichgültigkeit reagieren.

Die Entstehungsgeschichte

Schon auf den ersten Blick entlarvt sich die Geschichte als eine dürftige Allegorie auf den Zusammenstoß von christlicher Erlösungsbotschaft und ihrer atheistischen Bestreitung. Alles sprach somit für eine Wiederaufnahme des Motivs auf höherem gedanklichem und sprachlichem Niveau. Das führte allem Anschein nach zur Entstehung der themenverwandten Parabel vom »tollen Menschen«[18]. Ein textgeschichtlicher Glücksfall bringt es mit sich, daß seine Entstehungsgeschichte vollständig, vom ersten Einfall her, rekonstruiert werden kann. In ein vom 26. Oktober 1881 datiertes Notizbuch, das Nietzsche auf seinen Wanderungen mit sich führte, notierte er unter anderen skizzenhaften Eintragungen zunächst den Satz:

> Wohin ist Gott? Haben wir
> denn das *Meer* ausgetrunken?

In einigem Abstand folgt darauf die als Nachtrag gekennzeichnete Eintragung, in der erstmals das Motiv des Gottestodes, gesteigert zu der Vorstellung eines Selbstmords Gottes, auftaucht:

> Hier schwieg Z. von neuem und verfiel in tiefes Nachsinnen. Endlich sagte er wie träumend: »Oder hat er sich selbst getödtet? Waren wir nur seine Hände?«[19]

Die Stelle läßt nicht nur auf die Absicht zu szenischer Gestaltung, sondern auch auf die Tatsache schließen, daß der Text zunächst der Zarathustra-Dichtung zugedacht war. Er verdient auch insofern Beachtung, als Nietzsche den von ihm ausgesprochenen Gedanken wieder fallen ließ, um den Tod Gottes dann endgültig dem menschlichen »Fremdverschulden« anzulasten. Von der Idee eines göttlichen Suizids behält er nur soviel, daß der »Tod Gottes« bereits der Vergangenheit angehört, so daß es nur noch darum geht, ihn ins allgemeine Bewußtsein zu heben und die von ihm zurückgebliebenen »Restbestände« auszuräumen. Auf diesem Hintergrund nimmt der Gedanke dann den ebenso flüchtig wie die Ersteintragung hingeworfenen Wortlaut an:

Gott ist todt – wer hat ihn denn *getödtet*?
Auch das Gefühl,
den *Heiligsten Mächtigsten getödtet zu haben,*
muß noch über *einzelne* M. kommen – jetzt ist (eingefügt: es) noch zu früh! zu schwach! Mord der Morde!
Wir erwachen als Mörder! Wie tröstet sich ein solcher?
Wie reinigt er sich? *Muß er nicht der allmächtigste und heiligste Dichter selber werden?*[20]

Ein Vergleich mit dem endgültigen Text zeigt, daß in diesen Notizen bereits der Grundriß der Parabel vorliegt. Freilich auch nicht mehr als der Grundriß; denn der Text durchläuft noch einen mühsamen Erweiterungs- und Umformungsprozeß, bis er seine endgültige Gestalt gewinnt. Wichtig für sein Verständnis ist der Umstand, daß Nietzsche die Frage des ersten Einfalls schon auf der nächsten Stufe durch eine zweite ergänzt, die sich schließlich in eine ganze Kette weiterer auf sie zurückbezogener Fragen fortsetzt. Die aus der Verarbeitung der Notizbuch-Eintragungen hervorgegangene Aufzeichnung lautet:

Wohin ist Gott? (Eingefügt: Was haben wir gemacht?) Haben wir denn das Meer ausgetrunken? Was war das für ein Schwamm, mit dem wir den ganzen Horizont um uns (gestrichen: weggewischt haben) auslöschten? Wie brachten wir dies zu Stande, diese ewige feste Linie wegzuwischen, auf die bisher alle Linien (eingefügt: und Maße) sich zurückbezogen, nach der (eingefügt: bisher) alle Baumeister des Lebens bauten, ohne die es (eingefügt: überhaupt) keine Perspektiven, keine Ordnung, keine Baukunst zu geben schien? Stehen wir denn selber noch auf unsern Füßen? *Stürzen* wir nicht fortwährend? Und gleichsam abwärts, rückwärts, seitwärts, nach allen Seiten? Haben wir nicht den unendlichen Raum (eingefügt: wie einen Mantel eisiger Luft) um uns gelegt? Und alle Schwerkraft verloren, weil es für uns kein Oben, kein Unten mehr giebt? Und wenn wir noch leben (eingefügt: und Licht trinken), scheinbar wie wir immer gelebt haben, ist es nicht gleichsam durch das Leuchten und Funkeln von jenen Gestirnen, die erloschen sind?

Der Fortgang der Stelle spielt bereits in die Thematik späterer Aphorismen hinüber, die von der im Gefolge des Gottestodes eingetretenen »größten Veränderung« und der »Verdüsterung und Sonnenfinsternis« sprechen, »derengleichen es wahrscheinlich noch nicht auf Erden gegeben hat«[21].

Davon behält Nietzsche lediglich den Gedanken: »auch das Licht braucht Zeit, auch der Todt und die Asche brauchen Zeit!«, in dem erstmals das Motiv der »Vorzeitigkeit« des tollen Menschen anklingt. Aus diesem Ansatz entwickelt sich sodann die Sequenz, die in dem Ausruf »Gott ist todt« gipfelt und damit den zweiten Höhepunkt im großen Monolog des »tollen Menschen« bildet:

Es ist noch zu früh, das ungeheure Ereigniß ist noch nicht zu den Ohren und Herzen der Menschen gedrungen – große Nachrichten brauchen lange Zeit, um verstanden zu werden, während die kleinen Neuigkeiten vom Tage eine laute Stimme und eine Allverständlichkeit des Augenblicks haben. Gott ist todt! *Und wir haben ihn getödtet!* Dies Gefühl, das Mächtigste und Heiligste, was die Welt bisher besaß, getödtet zu haben, wird noch über die Menschen kommen, es ist ein ungeheuer *neues* Gefühl! Wie tröstet sich einmal der Mörder aller Mörder? Wie wird er sich reinigen?

Der nächste und entscheidende Schritt in Richtung auf die Endfassung besteht darin, daß Nietzsche die Titelfigur des Aphorismus, die bisher Zarathustra gewesen war, mit der des Narren vertauscht, der am hellen Vormittag mit einer Laterne in der Hand auf dem Marktplatz erscheint, um den dort herumstehenden Gottlosen die Botschaft vom Tod Gottes ins Gesicht zu schreien. Die Form der Aufzeichnung spiegelt noch deutlich den Eindruck Nietzsches, jetzt die definitive Titelfigur gefunden zu haben. Auf einer fast leeren Seite notiert er mit einer Unterstreichung die neue Überschrift: *»Der tolle Mensch«*

Die definitive Textgestaltung

Gleichzeitig mit dem Titel ist auch die endgültige Eingangsfrage gefunden: »Habt ihr nicht von jenem tollen Menschen gehört«? Daß die Erfindung der endgültigen Titelfigur auch der dramatischen Ausgestaltung der Parabel zugute kam, beweist die Tatsache, daß der Text kurz darauf um einen epilogartigen Schlußgedanken erweitert wird, wonach der tolle Mensch noch am gleichen Tag in verschiedene Kirchen eindringt, um dort sein »Requiem aeternam deo« anzustimmen, und, zur Rede gestellt, immer nur darauf antwortet: »Was sind denn diese Kirchen noch, wenn sie nicht die Grüfte und Grabmäler Gottes sind?«

Es trifft sich seltsam, daß eine derartige Auswechslung der Titelfigur auch dem Text widerfuhr, der am häufigsten mit Nietzsches Parabel verglichen wird, auch wenn er inhaltlich die entgegengesetzte Grundtendenz verfolgt, nämlich JEAN PAULS »Rede des toten Christus vom Weltgebäude herab, daß kein Gott sei«[22]. Wie WALTHER REHM nachweisen konnte, hatte Jean Paul das Nachtgesicht, das ihm im »ersten Entwurf mit Grausen vor der Seele« vorbeigefahren war, zunächst Shakespeare, dann einem Engel und zuletzt in kühner Schlußsteigerung dem »toten Christus« in den Mund gelegt[23]. Das ist auch insofern von Belang, als die neue Titelfigur Nietzsches eine unterschwellige Beziehung zum Künder des Gottesreiches aufweist, der mit seiner Botschaft, sosehr sie aus dem Herzen der Menschen gesprochen ist, zuletzt doch nur Unverstand und Ablehnung erntet. Noch in einer weiteren Hinsicht ist die Querverbindung zu Jean Paul aufschlußreich. Da dieser seine Angstvision als »Klage« über die durch den Verlust des Gottesglaubens entseelte Welt verstand, ordnet sich die Rede der Querelen-Literatur zu, die in der »Friedens-Klage« des ERASMUS eines ihrer bewegendsten Zeugnisse gefunden hat[24]. Wie dort der Friede über den unausrottbaren Zwist der Menschheit Klage führt, so hier Christus über die in Gottesnacht versunkene Welt und so schließlich auch der »tolle Mensch«, nur daß er die von ihm beschworene Not in die »Tugend« einer neuen Weltinnigkeit umzusetzen sucht.

Was nun die Entstehungsgeschichte des nach ihm benannten Textes anlangt, so nimmt sie nur noch im letzten Augenblick, beim Diktat des Druckmanuskripts, eine bemerkenswerte Wendung. Nach dem verharmlosenden Bericht der Schwester hatte Nietzsche nur unter schwer unterdrückten Lachanfällen das Manuskript einem Naumburger Schreiber diktiert, der wegen der ihm zugemuteten Sätze immer wieder bestürzt den Kopf schüttelte[25]. In Wirklichkeit muß sich das Diktat des – verlorenen – Druckmanuskripts in höchster Konzentration vollzogen haben. Denn nur so wird es verständlich, daß Nietzsche während des Diktats auf den Gedanken kam, das Metaphernpaar, mit dem die »Klage« des tollen Menschen in allen bisherigen Fassungen begann, zu einer Dreiheit aufzurunden, um so dem Gedanken eine noch höhere Bündigkeit zu verleihen. Wie erinnerlich, hatte er der Ausgangsfrage »Haben wir denn das Meer ausgetrunken?« schon in einem frühen Stadium die zweite hinzugefügt: »Was war das für ein Schwamm, mit dem wir den ganzen Horizont auslöschten?« In den handschriftlichen Skizzen hatte sich dann die Vorstellung von dem weggewischten Horizont in die – aus alter Tradition übernommene – von der »ewigen Linie« fortgesetzt, an der sich alle bisherigen Architekten des Geistes orientierten[26]. Nun ersetzt er diese Fortführung durch eine dritte Metapher, so daß die Textstelle in der Druckfassung lautet:

> Wie vermochten wir das Meer auszutrinken? Wer gab uns den Schwamm, um den ganzen Horizont wegzuwischen? Was taten wir, als wir diese Erde von ihrer Sonne losketteten?

Abgesehen von dem ästhetischen Gewinn, der mit der Hinzunahme der dritten Metapher erzielt wurde, besteht der Vorteil der Endfassung auch darin, daß sich ihr die folgenden Fragen überzeugender als bisher anfügen:

> Wohin bewegt sie sich nun? Wohin bewegen wir uns? Fort von allen Sonnen? Stürzen wir nicht fortwährend? Und rückwärts, seitwärts, vorwärts, nach allen Seiten?

Indessen bringt die Umgestaltung nicht nur einen stilistischen Fortschritt. Mit dem Gedanken der von ihrer Sonne losgeketteten Erde gibt Nietzsche vielmehr dem Text auch eine neuerlich antiplatonische Spitze. Wie schon der Eingangs-Aphorismus »Neue Kämpfe« zu verstehen gab, führt der Weg seiner »Philosophie des Vormittags«, wie er sie in »Menschliches, Allzumenschliches« nannte, gerade nicht in die Helle der Ideensonne, sondern in die immer größere Entfernung von ihr. Dennoch fragt es sich, ob die Deutung des Textes hier, an dieser zweifellos griffigsten Stelle, einsetzen darf. Soviel in der Optik der Endfassung dafür sprechen mag, legt doch die Entstehungsgeschichte ein eindeutiges Veto dagegen ein. Denn wenn sie etwas beweist, dann die Tatsache, daß während der ganzen Ausarbeitung die Idee des weggewischten Horizonts im Zentrum der Gedankenführung stand. Wenn irgendwo, muß die Erklärung darum bei ihr einsetzen. Doch was besagt das für das Verständnis des Textes?

Bevor man dieser Frage nachgehen kann, muß man sich die Gesamtaussage vergegenwärtigen. Als Botschafter einer ebenso neuen wie alten Wahrheit war der »tolle Mensch« auf dem Markt der Gottlosen erschienen, um sie mit der leidenschaftlich herausgeschrieenen Frage »Wohin ist Gott?« zunächst aber nur zu verständnislosem Kopfschütteln zu bewegen. Er kontert, indem er sich mit ihnen zusammen des Gottesmords bezichtigt und ihnen die Ungeheuerlichkeit dieser Tat mit den drei Schlüsselfragen zu verdeutlichen sucht. Mit der letzten, der Frage nach der Loskettung der Erde von ihrer Gottessonne, zieht er ihnen buchstäblich den Boden unter den Füßen weg, indem er ihnen das richtungslose Stürzen zu Bewußtsein bringt, in dem sie längst schon, wenn auch unbemerkt, begriffen sind. Die Nacht, die sie umfängt, und der sich in ihr ausbreitende Verwesungsgeruch müßten ihnen längst schon deutlich gemacht haben: »Gott ist tot! Gott bleibt tot! Und wir haben ihn getötet!«

Von diesem Tiefpunkt der Ausage spielt der Gedanke dann fast unmerklich hinüber zu einer Würdigung der vollbrachten Tat, die alles Menschenmaß so sehr übersteigt, daß ihre Täter zu Göttern werden müßten, um ihrer würdig und bewußt zu werden. Wenigstens mit der Erkenntnis sollte nun endlich ein Anfang gemacht werden; denn nie gab es eine größere Tat, so daß ihre Täter und alle Nachgeborenen einer höheren Geschichte angehören, »als alle Geschichte bisher war«. Doch auch mit diesem Erklärungsversuch erntet der »tolle Mensch« nur betroffenes Schweigen. Deshalb setzt er, nachdem er seine Laterne erbittert zu Boden warf, zum zweitenmal an, um sich und seinen Zuhörern das ihm entgegenschlagende Unverständnis zu begründen. Wie alle großen geistigen Durchbrüche der Menschheit bedarf auch der Gottesmord einer langen Inkubationszeit, um bewußtseins- und lebensbestimmend zu werden. So ist den Mördern Gottes diese Tat, wie ihr Deuter abschließend versichert, »noch ferner als die fernsten Gestirne – *und doch haben sie dieselbe getan!*«

In dieser Form wirkt der Text geschlossen und bündig: wie aus einem Guß. Das könnte die Meinung aufkommen lassen, er müsse wie eine in sich ruhende Aussage durch und aus sich selbst erklärt werden. Die lange und verschlungene Entstehungsgeschichte beweist aber nicht nur, daß die Endgestalt Frucht eines komplizierten Gestaltungsprozesses ist; sie deutet vielmehr auch darauf hin, daß sie in motivgeschichtlicher Hinsicht tiefreichende Wurzeln hat. So weist schon die Zentralmetapher vom weggewischten Horizont auf den mit dem Modellgedanken des »unüberdenklich Größten« operierenden anselmischen Gottesbeweis zurück und über ihn auf die lange Tradition der negativen Theologie, die – seit NOVATIAN – Gott als den »Unvergleichbaren« begreift[27]. Doch damit tritt Nietzsche auch schon in einen derart offensichtlichen Traditionszusammenhang, daß es unverantwortlich wäre, wenn man diesen bei der Erklärung der Parabel unberücksichtigt ließe. Dahin deutet nicht zuletzt auch die enge Berührung seines Textes mit Jean Pauls »Rede des toten Christus«, zumal sich unter seinen »Träumen und Visionen« (BENZ) auch eine Erwägung über den »größten Gedanken des Menschen« findet[28].

Im übrigen strotzt der Text geradezu von biblischen und »klassischen« Anspielungen und Reminiszenzen, angefangen von der Stilisierung der Titelfigur nach dem Modell der skurrilen Gestalt des DIOGENES bis hin zu den spöttischen Antworten der ungläubigen Marktsteher, die unmittelbar an die Spottreden des Propheten ELIJA zum Tanz der Baalspriester erinnern[29]. Es hieße tatsächlich, den damit gegebenen Fingerzeig mißachten, wenn man die Frage nach dem motivgeschichtlichen Zusammenhang unterlassen würde.

Unter dem Eindruck derartiger Beobachtungen mag sich der bekannte Vertreter der Nouvelle Théologie HENRI DE LUBAC gefragt haben, ob dem Aphorismus nicht doch ein Modell zugrunde liege, an dem er sich insgeheim orientierte[30]. Und er glaubte die Antwort in Gestalt eines HEINE-Textes gefunden zu haben, der im »Ton leichter Persiflage« von der Katastrophe des Gottesglaubens im Reich der spekulativen Vernunft, also im Denken der ausgehenden Neuzeit, berichtet[31]. Die vorgeschlagene Lösung verfehlt das Ziel nur um Haaresbreite. Denn sosehr Nietzsche in anderem Zusammenhang, vor allem im vierten Teil seines »Zarathustra«, auf diese Stelle zurückgriff, war das Modell für seine Parabel doch nicht sie, sondern der von Heine wenig später erstattete Bericht über KANTS Kritik der Gottesbeweise[32]. Mit dem Aufgebot seiner ganzen Ironie schildert Heine hier das himmlische Massaker, das Kant bei seinem Angriff unter den »Leibgarden Gottes«, den Beweisen zur Vergewisserung seiner Existenz, anrichtet. Der göttliche Hofstaat bietet nunmehr das Bild eines schrecklichen Gemetzels: »der Oberherr der Welt schwimmt unbewiesen in seinem Blute«. Dem aber fügt er unverzüglich die aus tiefer Einsicht in den Problemzusammenhang geschöpfte Einschränkung hinzu, daß seiner Meinung nach wenigstens ein Beweis diesem Blutbad unbehelligt entging: der ontologische:

> Zu näherem Verständnis bemerke ich, daß der ontologische Beweis derjenige ist, den Descartes aufgestellt und der schon lange vorher im Mittelalter durch Anselm von Canterbury in einer rührenden Gebetform ausgesprochen wurde. Ja man kann sagen, daß der heilige Augustin schon im zweiten Buch *De libero arbitrio* den ontologischen Beweis aufgestellt hat[33].

Wenn sich trotz aller Nachforschungen auch keine konkreten Anhaltspunkte für eine Abhängigkeit Nietzsches von Heine angeben lassen, wird man mit Lubac doch davon ausgehen müssen, daß ihm, dem Bewunderer der Lyrik Heines, diese Textstelle nicht entgangen sein konnte. Inzwischen wurde seine Vermutung durch den von HANNA SPENCER angestellten Vergleich Heines mit Nietzsche eindrucksvoll bestätigt[34]. Ihrem Ergebnis stimmte neuerdings DOLF STERNBERGER unter dem Eindruck der vorgelegten Fakten uneingeschränkt zu[35]. Wie von kaum einer andern »Vorlage« mußte sich Nietzsche von diesem Heine-Text fasziniert, angeregt und provoziert fühlen. Fasziniert wegen des offensichtlichen Problemzusammenhangs mit seiner eigenen Gotteskritik; angeregt durch die plastische Bildsprache, der er sich zunehmend, vor allem dann in seiner Zarathustra-Dichtung, verschrieb; insbesondere aber provoziert durch die Vorstellung, daß selbst der »alles zermalmende« Kant nur halbe Arbeit geleistet habe.

Nietzsche hätte in der Tat nicht er selbst sein müssen, wenn er die Aussage dieses Textes nicht als eine elementare Herausforderung empfunden hätte. Denn wenn der ontologische Gottesbeweis den Angriff Kants unbeschädigt überstanden hatte, galt es nunmehr, das nur mit bedingtem Erfolg unternommene Zerstörungswerk doch noch zu Ende zu führen. Das konnte nun aber nicht wieder mit den Mitteln der kritischen Argumentation geschehen, die offensichtlich gerade in der Frage des ontologischen Beweises versagt hatten. Vielmehr ließ sich der noch fortbestehende Grundpfeiler des christlichen Gottesglaubens nur mit den Mitteln zum Einsturz bringen, denen das Christentum seine bewußtseinsbildende Macht überhaupt verdankte. Das aber war in erster Linie das Medium der Bildsprache. Denn Jesus hatte dem Geheimnis des Gottesreichs und des in ihm vergegenwärtigten neuen Gottes nicht durch Argumente, sondern durch Bilder und Gleichnisse Geltung verschafft[36]. Nicht zuletzt mag Nietzsche aus diesem Grund seinem Studienfreund CARL VON GERSDORFF anläßlich der Ankündigung seines »Zarathustra« den warnenden Hinweis gegeben haben, er möge sich »durch die legendenhafte Art dieses Büchleins nicht täuschen« lassen; denn hinter diesen schlichten und seltsamen Worten stehe sein »tiefster Ernst« und seine »ganze Philosophie«[37].

Der gleichnishafte Widerruf

Zweifellos gilt dieser warnende Hinweis auch von der Parabel, die, wie erinnerlich, ursprünglich dem Zarathustra-Komplex zugedacht war. Wer sich durch ihren vergleichsweise eingängigen Legendenstil nicht täuschen läßt und gleichzeitig das durch HEINE vorgegebene Modell berücksichtigt, wird fast von selbst dazu geführt, in ihr den *gleichnishaften Widerruf des ontologischen Arguments* zu erblicken. Zu diesem vergleichsweise »leichten Geschütz« mochte sich der Artillerist Nietzsche schon deshalb entschlossen haben, weil für ihn die Frage der Existenz Gottes dem »Vorfeld« seiner Philosophie angehörte, wo sie durch den neuzeitlichen Erosionsprozeß längst schon für ihn selbst wie für seine ungläubigen Zeitgenossen im negativen Sinn entschieden war. Für ihn, den Verfechter eines zu seinen eigenen Konsequenzen entschlossenen Atheismus, konzentrierte sich die verbliebene Aufgabe darauf, die, wie es der Aphorismus »Neue Kämpfe« andeutete, »Restbestände« des überlebten Gottesglaubens auszuräumen, die nicht nur in der Grammatik anzutreffen, sondern sogar »noch aus vieler Musik« herauszuhören waren[38].

In der Perspektive der Parabel spitzte sich das für ihn zu der Aufgabe zu, die Folgen deutlich zu machen, die der Tod Gottes im negativen wie im positiven Sinn nach sich zog. Dabei verfällt er unwillkürlich in die Strategie des ontologischen Arguments, die er in einer exakt spiegelverkehrten Weise anwendet. Wie ANSELM vom Begriff des unüberdenklich Größten ausging, um sich der Existenz Gottes zu vergewissern, so nimmt Nietzsche – nach Ausweis der Textgeschichte – im Motiv des weggewischten Horizonts seinen Ausgang, um im Abgrund der dadurch heraufbeschworenen Nacht das Licht der unvermittelten Weltinnigkeit zum Vorschein zu bringen. Das meint der »tolle Mensch«, wenn er den Gottesmördern die Zugehörigkeit zu einer »höheren Geschichte« zuerkennt und ihnen die Frage stellt, ob sie nicht zu Göttern werden müßten, um ihrer Tat gewachsen und würdig zu sein. Was im Kontext der Parabel bloße Andeutung bleibt, wird dann der Aphorismus »Excelsior!« (§ 285), der gleichfalls auf die Heine-Stelle zurückweist, zum formellen Inhalt haben. Denn er entdeckt in der mit der Verabschiedung Gottes geübten »Entsagung« die große Chance des Menschen, die an Gott abgetretenen und verlorenen Attribute für sich zurückzugewinnen und dadurch eine ungeahnte Höhe des Menschseins zu erreichen. Insofern wirkt auch in diesem Text die Strategie des »Widerrufs« nach[38a].

Nur ein gebrochenes Problemverständnis konnte HANS KÜNG dazu bewegen, diese Deutung als eine theologische Abschwächung von Nietzsches wirklichen Intentionen auszugeben. Theologen, so bemerkt er unter dem Stichwort »Wider den folgenlosen Atheismus«, hätten die Parabel »nachträglich zu verharmlosen versucht, indem sie das Bild von der losgeketteten Erde eliminierten oder das vom weggewischten Horizont auf einen gleichnishaften ›Widerruf‹ des anselmischen Gottesbeweises reduzierten«[39]. Das aber lasse sich »weder von der Textgeschichte noch vom Wortlaut und Kontext der drei sich gegenseitig ergänzenden und interpretierenden Metaphern her rechtfertigen«. Und er steigert sich im Anschluß daran zu dem Ausruf: »Nein, auch und gerade Nietzsches Atheismus ist theologisch voll ernst zu nehmen; Nietzsche leugnet Gott – jeden Gott und besonders den christlichen!«[40] Nur mit Befremden kann man zur Kenntnis nehmen, wie hier von der Textgeschichte das Gegenteil von dem behauptet wird, was sie tatsächlich besagt. Und nur mit noch größerer Verwunderung kann man registrieren, wie groß Nietzsche, zusammen mit Heine, noch von einem Gottesbeweis denkt, der für eine Theologie, die offensichtlich vergessen hat, daß sie »auf den Schultern von Riesen steht« (BERNHARD VON CHARTRES), nichts mehr zu bedeuten scheint.[40a]

In Wahrheit kann man die Parabel schwerlich höher bewerten, als wenn man sie als den »gleichnishaften Widerruf« dessen versteht, was die abendländische Geistesgeschichte seit ANSELM und, wenn man der Herleitung Heines folgt, schon seit AUGUSTINUS, in Atem hielt[41]. Daß für Nietzsche überdies die dem Beweis zugrundeliegende Vorstellung von der umgreifenden »Horizontlinie« allen Denkens von besonderem Gewicht war, ergibt sich einmal aus der auf eine Wendung TERTULLIANS zurückgreifenden Rede von der »ewigen Linie«, auf die er bei seinen Arnobius-Studien gestoßen war, zum andern aus dem »Leierlied« der Tiere, die Zarathustra in Anspielung auf eine auf gnostische Tradition zurückgehenden Gottesmetapher zusingen:

In jedem Nu beginnt das Sein; um jedes Hier rollt sich die Kugel Dort. Die Mitte ist überall. Krumm ist der Pfad der Ewigkeit[42].

Von hier aus spannt sich dann auch der Bogen zu Nietzsches Christentumskritik. Denn zu den »Baumeistern des Lebens«, die ausnahmslos nach dem Richtmaß der »ewigen Linie« bauten, gehören für ihn in erster Linie auch die Architekten des christlichen Systemgebäudes, allen voran Paulus, den er in erster Linie für die Umfälschung der Jesusbotschaft in ein »System von Kruditäten« verantwortlich macht. Das Bild von der unendlichen Horizontlinie, die im Akt der allgemeinen Gottesleugnung weggewischt wurde, ist somit gleichbedeutend mit dem, was die kirchenkritische Stelle der »Götzen-Dämmerung« den Zentralbegriff nennt, den es aus dem christlichen Systemgebäude herauszubrechen gilt. Was dort noch als Forderung erhoben wurde, ist hier, in der Parabel vom »tollen Menschen«, bereits getan. Sie gipfelt in dem Nietzsche auch sonst naheliegenden Gedanken, daß es zur Zerstörung des christlichen Systems keiner eigenen Anstrengungen bedarf, weil es längst schon in einem Akt der Selbstauflösung begriffen ist, durch den es, von den meisten unbemerkt, seinen krönenden Schlußstein – den Glauben an seinen göttlichen Garanten – verlor.

Was zu tun bleibt, ist demnach nur noch ein Akt der Offenlegung. Und der muß auf zwei Foren erfolgen. Zuerst auf dem Markt der Ungläubigen, die mit ihrer Gottlosigkeit das Attentat auf den heiligsten Besitz der Welt vollzogen, ohne sich Rechenschaft darüber zu geben, daß sie damit allen Konstrukten, den ideellen wie den sozialen, den Boden entzogen haben. Dann aber muß die Veröffentlichung der Tatsache, daß es um den Gottesglauben geschehen ist, auch im christlichen Binnenraum erfolgen. Deshalb dringt der »tolle Mensch« im Epilog seiner Geschichte in »verschiedene Kirchen« ein, um darin sein »Requiem aeternam deo« anzustimmen. Die Rechtfertigung seines Verhaltens wirkt ebenso konsequent wie aufschlußreich: »Was sind denn diese Kirchen noch, wenn sie nicht die Grüfte und Grabmäler Gottes sind?« Von der neuzeitlichen Absage an Gott ist auch das Christentum, so sehr es sich in seinem Selbstverständnis dagegen zur Wehr setzen mag, mitbetroffen. Es gilt nur noch, auch in seinem ureigenen Bereich deutlich zu machen, daß es längst schon zur hohlen Ruine geworden ist. In diesen Gedanken mündet die Parabel vom »tollen Menschen« aus. Insofern spricht Nietzsche in ihr – und nicht erst im »Antichrist« – das Schlußwort seiner Kritik des Christentums.

ANMERKUNGEN

[1] WEISCHEDEL, Der Gott der Philosophen. Grundlegung einer Philosophischen Theologie im Zeitalter des Nihilismus I, München 1979, 434 (unter Bezugnahme auf »Ecce homo. Warum ich so gute Bücher schreibe: Die Unzeitgemäßen«, § 2).

[2] Ebd.

[3] BARTH, Die kirchliche Dogmatik III/II, Zollikon-Zürich.

[4] KSA XI, 624.

[5] Stellenangabe S. 38.

[6] Der mit dem Zitat auf Joh 3,16 anspielende Text bricht anschließend mitten im Satz ab: KSA IX, 611. Die KRÖNER-Taschenausgabe enthält die damit weitgehend übereinstimmende Frage: »Die Menschen haben Gott geschaffen, es ist kein Zweifel: sollten sie deshalb nicht an ihn glauben?« (Die Unschuld des Werdens II, § 927).

[7] Morgenröte I, § 95.

[8] Nachlaß (Die Unschuld des Werdens) II, §§ 925; 930.

[9] A.a.O., § 932.

[9a] Zarathustra II. Auf den glückseligen Inseln. Demgegenüber registriert HANS M. WOLFF eine zunehmend distanzierte, zuletzt geradezu »verächtliche Behandlung der Übermensch-Lehre«: Friedrich Nietzsche. Der Weg zum Nichts, Bern 1956, 182 f; 206.

[10] Näheres dazu in meiner Studie »Gott ist tot – Nietzsches Destruktion des christlichen Bewußtseins« (München 1962), die diesem Zusammenhang thematisch nachging; ausdrücklich verwiesen sei auch auf die um die Erschließung von Nietzsches atheistischen Gedankenbildern bemühte Untersuchung von PETER KÖSTER, Der sterbliche Gott. Nietzsches Entwurf übermenschlicher Größe, Meisenheim/Glan 1972.

[11] LOTZE, Mikrokosmos. Ideen zur Naturgeschichte und Geschichte der Menschheit III, Leipzig 1923, 557.

[12] Brief an PETER GAST (vom 21. April 1883).

[13] Götzen-Dämmerung: Die »Vernunft« in der Philosophie, § 5.

[14] Die fröhliche Wissenschaft III, § 108.

[15] Götzen-Dämmerung: Wie die »wahre Welt« endlich zur Fabel wurde.

[16] Dazu CARL AUGUST EMGE, Der »umgedrehte Platonismus«. Anregungen Nietzsches' zur Situationsphilosophie (Abhandlung der Mainzer Akademie der Wissenschaften vom 14. Januar 1952); ferner REINHART KLEMENS MAURER, Das antiplatonische Experiment Nietzsches, in: Nietzsche-Studien VIII (1979) 104–126.

[17] Menschliches, Allzumenschliches II/II, § 84.

[18] Die fröhliche Wissenschaft III, § 125. Dazu der Kommentarband der Kritischen Studienausgabe XIV, 256f.

[19] Z. = Zarathustra.

[20] M. = Menschen.

[21] Die fröhliche Wissenschaft III, § 152; V, § 343.

[22] JEAN PAUL, Siebenkäs, Erstes Blumenstück.

[23] REHM, Jean Paul und Dostojewski. Zur dichterischen Gestaltung des Unglaubens,

Göttingen 1962, 5–53; dazu mein Beitrag »Die Anrufung des verborgenen Gottes«, in: Vor dem schweigenden Gott, Freiburg/Br. 1977, 76–95.

[24] Wiedergegeben in dem Werk von KURT VON RAUMER, Ewiger Friede. Friedensrufe und Friedenspläne seit der Renaissance, Freiburg/München 1953, 211–248.

[25] E. FÖRSTER-NIETZSCHE, Der einsame Nietzsche, Leipzig 1922. Die insbesondere wegen ihrer Schlußsätze wichtige Stelle setzt mit der Behauptung ein, daß ein alter Kanzleischreiber für die Erstellung des Druckmanuskripts herangezogen worden sei, weil NIETZSCHE die »zierliche Mädchenhandschrift« der Schwester als unpassend für den Inhalt des Buchs empfunden habe. Zu beider Überraschung habe der Schreiber doch ein gewisses, jedoch ganz falsches Verständnis gezeigt und derart »komisches Zeug« geschrieben, daß die Geschwister »manchmal Tränen lachten«. Bei der Neuauflage der Fröhlichen Wissenschaft habe sich dann der Schaden herausgestellt: »Einige Worte, hie und da sogar kurze Sätze aus dem Heft, aus welchem ich diktierte, waren einfach weggeblieben. Doch konnte es immer sein, daß mein Bruder diesen Weglassungen zugestimmt hatte, nur war es nicht mehr festzustellen, da das Druckmanuskript nach dem Druck von meinem Bruder vernichtet wurde« (172).

[26] In Nietzsches Bibliothek (im Stadthaus von Weimar) findet sich eine umfangreiche kommentierte Ausgabe der von ihm vollständig durchgearbeiteten Apologie des Arnobius, eines Kirchenschriftstellers von der Wende des 2./3. Jahrhunderts, der vor allem als Lehrer von Laktanz Bedeutung erlangte. In ihr unterstrich Nietzsche ein Tertullian-Zitat, das Gott »des Weltalls äußerste Linie (universitatis extrema linea)« nennt (gegen Praxeas, Nr. 16): Des Afrikaner's Arnobius sieben Bücher wider die Heiden. Aus dem Lateinischen übersetzt und erläutert von FRANZ ANTON VON BESNARD (267).

[27] Noch vor NOVATIAN müßte angesichts der von Nietzsche unterstrichenen Stelle TERTULLIAN genannt werden; von diesem führt die Linie zu den Gottesbestimmungen bei AUGUSTINUS (der unvergleichlich Größte), BOETHIUS (der unübertrefflich Beste) und, jetzt schon im Vorfeld Anselms, bei JOHANNES SCOTUS ERIUGENA (Umschreibung des Unumschreibbaren). Daraus leitet sich dann der dem anselmischen Argument zugrundeliegende Formalbegriff her, der Gott den »unüberdenklich Größten« (quo maius nihil cogitari potest) nennt.

[28] Eingearbeitet in seinen Roman »Hesperus« (von 1794); nach R. BENZ, Jean Paul. Träume und Visionen, München 1940, 50–60.

[29] Näheres dazu in meiner Untersuchung »Gott ist tot – Nietzsches Destruktion des christlichen Bewußtseins«, 30–62.

[30] LUBAC, Die Tragödie des Humanismus ohne Gott (Originaltitel: Le drame de l'humanisme athée), Salzburg 1966, 44; 336.

[31] HEINE, Zur Geschichte der Religion und Philosophie in Deutschland, Schluß des zweiten Buches.

[32] HEINE, a.a.O., Anfang des dritten Buches.

[33] Da in manchen Heine-Ausgaben noch immer »in einer ruhenden Gebetform« zu lesen ist, sei ausdrücklich angemerkt, daß das Autograph des Essays eindeutig die Lesart »in einer rührenden Gebetform«, die auch allein einen Sinn ergibt, aufweist. In der Vorrede zur zweiten Auflage 1852) kommt HEINE nochmals auf dieses Urteil mit der

Bemerkung zurück, daß die Vernunftkritik die von Anselm von Canterbury her bekannten »Beweistürmer für das Dasein Gottes« keineswegs zernichtet habe.

[34] SPENCER, Heine und Nietzsche, in: Heine-Jahrbuch 11 (1972) 126–161; daraus vor allem S. 135–139.

[35] STERNBERGER, Heinrich Heine und die Abschaffung der Sünde, Hamburg und Düsseldorf 1976. In einem »Nachtrag 1975« macht sich Sternberger auch meine These, daß es sich im Aphorismus vom »tollen Menschen« um eine »Umdichtung des von Heine übernommenen Stoffs« handle, voll zu eigen, nachdem er im Haupttext bereits mit Nachdruck auf die Pionierarbeit DE LUBACS (und älterer Autoren wie KARL QUENZEL) hingewiesen hatte (390–396; 420 f).

[36] Näheres dazu in meiner Schrift »Die Gleichnisse Jesu« (München 1965) sowie in meiner »Theologischen Sprachtheorie und Hermeneutik« (München 1970).

[37] Brief an CARL VON GERSDORFF (vom 28. Juni 1883).

[38] Nachlaß (Die Unschuld des Werdens) II, § 980.

[38a] Näheres dazu in Kapitel VI.

[39] KÜNG, Existiert Gott? München 1978, 413; daß damit die hier vorgetragene Deutung angezielt ist, ergibt sich aus dem Anmerkungsteil (S. 810).

[40] Ebd.

[40a] Dazu ROBERT K. MERTON, Auf den Schultern von Riesen. Ein Leitfaden durch das Labyrinth der Gelehrsamkeit (Originaltitel: On the Shoulders of Giants), Frankfurt/M. 1980, 43 ff; 152–170.

[41] Das sei durch die Nennung von wenigstens zwei grundlegenden Werken belegt: KARL BARTH, Fides quaerens intellectum. Anselms Beweis der Existenz Gottes im Zusammenhang seines theologischen Programms (von 1931), Darmstadt 1958; DIETER HENRICH, Der ontologische Gottesbeweis. Sein Problem und seine Geschichte in der Neuzeit, Tübingen 1960.

[42] Zarathustra III: Der Genesende, § 2; die Anspielung bezieht sich auf die Formel von der unendlichen Sphäre, deren Mittelpunkt überall und deren Umkreis nirgendwo ist. Dazu die Untersuchung von DIETRICH MAHNKE, Unendliche Sphäre und Allmittelpunkt. Beiträge zur Genealogie der mathematischen Mystik, Halle 1937. Auf die distanzierte Bewertung der Formel durch Zarathustra-Nietzsche machten WOLFGANG MÜLLER-LAUTER und JÖRG SALAQUARDA in ihren Diskussionsbeiträgen zur Internationalen Berliner Nietzsche-Tagung (1977) aufmerksam: Nietzsche-Studien VII (1977) 128 f. Mit dem Werk des Arnobius befaßte sich Nietzsche nach KARL SCHLECHTAS Nietzsche-Chronik (München 1975, 90) nachweislich im September 1884; doch schließt das eine frühere Beschäftigung mit dem Werk des Kirchenschriftstellers keineswegs aus.

VIERTES KAPITEL

CHRISTUSKRITIK

oder:

»DAS LEIBHAFTE EVANGELIUM DER LIEBE«

Kaum etwas kennzeichnet die Unkalkulierbarkeit Nietzsches so sehr
wie die Tatsache, daß er, wie schon zu Lebzeiten, noch bis in die
Gegenwart hinein immer wieder den Anreiz zu vergleichenden Würdigungen gab. Nachdem schon den Zeitgenossen die Ähnlichkeit mit
dem Lebensbild Hölderlins aufgefallen war, wurde später vor allem
seine Gestaltverwandtschaft mit Kierkegaard entdeckt (JASPERS) und
ausgeleuchtet (GRAU). Doch wurde er gleichzeitig auch mit Sokrates
(SANDVOSS), Dante (BISER), Dostojewskij (SCHESTOW), Meister Eckhart
(BERNHART), Solowjew (LUDOLF MÜLLER) und schließlich sogar mit
dem deutschen Genius selbst (THOMAS MANN) in Vergleich gezogen[1].
Das muß um so mehr verwundern, als Nietzsche an seine Interpreten
den dringlichen Appell gerichtet hatte: »Verwechselt mich vor allem
nicht!«[2] Doch muß dieser Appell zugleich vor dem Hintergrund der
von seinem Freund ERWIN ROHDE beklagten »ewigen Metamorpho-
sen« seines Denkens, aber auch seines zunehmend anschwellenden –
und verfließenden – Identitätsbewußtseins gesehen werden. In einer
späten Nachlaßnotiz versichert er, daß er »in dem, was Zarathustra,
Moses, Muhammed, Jesus, Plato, Brutus, Spinoza, Mirabeau bewegte«, schon immer gelebt habe; deshalb komme manches von dem, was
sich bei ihnen anbahnte, »erst in ihm, reif ans Tageslicht«[3]. Und in
dem Wahnsinnsbrief an JACOB BURCKHARDT sieht er sich zu dem
»Geständnis« gedrängt, wonach es seiner Bescheidenheit zusetze, daß
er »im Grunde jeder Name in der Geschichte« sei. Daraus wird man
schließen müssen, daß der Anreiz zum Vergleich ebensosehr von der
Vielgesichtigkeit seiner Gestalt wie von den ständigen Umbrüchen
seines Denkens ausging.

Dennoch durchbrechen zwei Vergleiche alle Proportionen. Der eine,
von dem schon eingangs die Rede war, stammt von dem russischen
Religionsphilosophen WLADIMIR SOLOWJEW, der in seiner »Kurzen
Geschichte vom Antichrist« die Figur des endzeitlichen Widersachers

Gottes bewußt nach dem Modell des »unglücklichen Nietzsche« stilisierte[4]. Tatsächlich handelt es sich um eine direkte Anspielung auf das Inspirationserlebnis, aus dem Nietzsches »Zarathustra« dem Schaffensbericht des Autors zufolge hervorging, wenn der von Solowjew geschilderte Übermensch in seiner Krisen- und Schicksalsstunde die satanische Einflüsterung vernimmt:

Nimm hin meinen Geist! Wie mein Geist dich früher in Schönheit gezeugt hat, so zeugt er dich jetzt in Kraft![5]

Und nicht weniger deutlich schlägt das Modell der Schaffens- und Wirkungsgeschichte Nietzsches durch, wenn der Antichrist in der Folge mit »übernatürlicher Schnelligkeit und Leichtigkeit« das Buch verfaßt, mit dem er – wie Nietzsche mit der »antichristlichen Bergpredigt« des »Zarathustra« (LÖWITH) – zu Weltruhm gelangt.

Der Nachahmer Jesu

Auf den schärfsten Gegenkurs dazu ging der durch die analytische Philosophie wiederentdeckte Philosoph und Theologe FRANZ BRENTANO, der dadurch den kühnsten und gewagtesten aller Gestaltvergleiche anstellte, daß er »Nietzsche als Nachahmer Jesu« beschrieb, auch wenn er diesen Titel als Hinweis auf einen verunglückten Nachahmungsversuch verstanden wissen wollte[6]. Immerhin förderte er dabei eine ganze Reihe von verblüffenden Entsprechungen zutage. Wie sich Jesus als das in der Finsternis leuchtende Licht verstand, so habe sich auch Nietzsche »als eine Überfülle des Lichts« empfunden; wie Jesus »mit Vollmacht« gesprochen habe, so verlege sich auch Nietzsche darauf, zu befehlen und zu dekretieren, anstatt Beweise vorzulegen; wie Jesus zur Umkehr rufe, so fordere auch Nietzsche »die Umwertung aller Werte«, und wie Jesus im Bewußtsein gelebt habe, »daß in ihm die Fülle der Zeiten gekommen« sei, so habe sich auch Nietzsche als ein in den Zeitenfluß einschneidendes, den Gang der Menschheitsgeschichte umwendendes Ereignis gefühlt.

Doch sosehr er Jesus »zum Vorbild« nehme, gerate Nietzsche der Versuch, es ihm nicht nur gleichzutun, sondern ihn zu überbieten und zu überwinden, zur bloßen Karikatur, zumal »seine Lehre von der Mitleidlosigkeit des Übermenschen« von seiner Lebensgeschichte dadurch aufs schrecklichste widerlegt worden sei, daß er sich zuletzt wie kaum ein anderer auf Mitleid und Erbarmen angewiesen sah. Wer bei einer derartigen Diskrepanz noch von Ähnlichkeit spreche, würde sich nicht nur der Lächerlichkeit, sondern auch dem empörten Einspruch Nietzsches aussetzen, wenn dieser durch seine imitatorische Kritik des Christentums den Vergleich nicht selbst herausgefordert hätte. Damit gesteht Brentano aber nicht nur die Unmöglichkeit der von ihm versuchten Gegenüberstellung ein; vielmehr deutet er gleichzeitig auch an, daß er mit seinem Vergleich mehr an Problematik aufgerissen als wirklich aufgearbeitet hatte. Grund genug, dem von ihm aufgeworfenen Problem aufs neue nachzugehen und nach Nietzsches tatsächlichem Verhältnis zu Jesus zu fragen.

Um diesem Verhältnis auf die Spur zu kommen, wird man sich drei der bisher erzielten Ergebnisse vergegenwärtigen müssen. Erstens den auffälligen Unterschied in Nietzsches Christentums- und Christuskritik; zweitens seine Polarisierung von Christus und Christentum und drittens den Stil seiner Kritik. Daß Nietzsche die Gestalt Jesu aus dem Schußfeld seiner Christentumskritik auffällig herausnimmt, ist schon immer beobachtet worden, am deutlichsten vielleicht durch JASPERS, der von dem ebenso erstaunlichen wie anschaulichen »Bild vom Wesen Jesu« spricht, das Nietzsche – ausgerechnet im »Antichrist« und in den Vorstudien dazu – entwarf[7]. Von Jaspers stammt dann aber auch die Beobachtung, daß Jesus, so wie ihn Nietzsche in eigenwilliger, jedoch bemerkenswert sorgfältiger Würdigung der neutestamentlichen Zeugnisse darstellt, »mit der Geschichte des Christentums eigentlich nichts zu tun« hat[8]. Denn im Grunde gibt es für ihn »nur Einen Christen, und der starb am Kreuz«[9]. Das von Nietzsche entworfene Jesusbild ist auch deshalb von höchstem Belang, weil es die Fähigkeit seiner Kritik bestätigt, ihren Gegenständen unter Umgehung der vermittelnden Strukturen auf den Grund zu gehen. Mit seinem Zugriff gelingt es ihm tatsächlich, Jesus jenseits aller dogmatischen und historischen Vermittlungen in den Blick zu bekommen.

Erblickt und gerufen

Dabei muß von »Blick« mit besonderer Betonung die Rede sein. Denn der Ausdruck »Blick« hat für Nietzsche eine eminent dialogische, wenn nicht gar religiöse Bedeutung[10]. Umgekehrt hat in jedem religiösen Verhältnis – und wäre es auch so tief gestört wie das Verhältnis Nietzsches zu Jesus – das »Erblicken« stets mit einem »Erblicktsein« zu tun[11]. Wie die »Lebensskizze« zeigte, wird das durch Nietzsches religiöse Biographie vollauf bestätigt. Nach Ausweis eines Jugendgedichts, das in polemischer Verzerrung noch in der »Klage der Ariadne« aus den »Dionysos-Dithyramben« nachklingt, beginnt die Frömmigkeitsentwicklung Nietzsches tatsächlich mit dem Erlebnis, vom Blick des ihn anrufenden Christus »ins Herz« getroffen worden zu sein:

> Du hast gerufen:
> Herr, ich eile
> Und weile
> An deines Thrones Stufen.
> Von Lieb entglommen
> Strahlt mir so herzlich
> Schmerzlich
> Dein Blick ins Herz ein:
> Herr, ich komme.
>
> Ich war verloren,
> Taumeltrunken,
> Versunken,
> Zur Höll' und Qual erkoren.
> Du standst von ferne:
> Dein Blick unsäglich
> Beweglich
> Traf mich so oft:
> Nun komm' ich gerne...[12]

Allen Anzeichen nach zu schließen war mit diesem »Initiationserlebnis« aber auch schon das Ende der positiven Beziehung zu Jesus erreicht. Denn schon ein Jahr später fordert Nietzsche in dem Spottgedicht »Vor dem Crucifix« den Gekreuzigten halb höhnisch, halb mitleidsvoll auf, von seinem Marterpfahl herabzusteigen, um mit ihm zusammen »auf die Erden« zu kommen[13]. Lange bevor Zarathustra seine Brüder beschwört: »bleibt der Erde treu und glaubt denen nicht, welche euch von überirdischen Hoffnungen reden!« (Vorrede, § 3), klingt das Grundwort seines Appells hier schon an. Von da an gerät Nietzsches Verhältnis zu Jesus immer tiefer in jenen Zwiespalt, der sich aus nachwirkender Betroffenheit und wachsender Kritik ergibt. Die kritische Distanz wird schließlich so groß, daß er an einer vom Nietzsche-Archiv jahrzehntelang unterdrückten Stelle des »Antichrist« Jesus geradezu als »Idiot« bezeichnet. Als habe er mit dieser Invektive aber mehr noch sich selbst als den »frohen Botschafter« getroffen, kommt er in der Folge dennoch immer wieder auf die Denkweise und Lehre dieses »Idioten« zurück, so daß der Ausdruck allenfalls als polemische Entgleisung, nicht jedoch als eine Eingebung von Haß und Ablehnung gewertet werden darf. Im Gegenteil; verglichen mit der Vehemenz, in der sich Nietzsches Polemik sonst entlädt, wirkt die an Jesus geübte Kritik insgesamt eher zurückhaltend, ganz so, als nötige ihn ein Rest von Anhänglichkeit, sie nur in gedämpften Tönen vorzutragen.

Lange vor JASPERS machte schon AUGUST MESSER auf diesen überraschenden Tatbestand aufmerksam[14]. Und THOMAS MANN stimmte beiden mit der Feststellung zu, daß Nietzsche »die Person des Jesus von Nazareth ... von seinem Haß auf das historische Christentum« unberührt gelassen habe[15]. Gewagt klingt allerdings die von ihm dafür gefundene Erklärung, daß dies »um des Endes, des Kreuzes willen« geschah, »das er in tiefster Seele liebte«. Bekanntlich sprach der Umnachtete zwar gelegentlich davon, daß er von seinen Ärzten auf eine »komplizierte Art« gekreuzigt worden sei, nachdem er die Wahnsinnsbotschaften wechselweise mit »Dionysos« und »Der Gekreuzigte« unterzeichnet hatte. Doch war es nicht die Übereinkunft im vorgefühlten Ende, auf das in den Äußerungen des späten Nietzsche kaum etwas hindeutet, sondern die nachwirkende Betroffenheit durch den Lebenden, die ihn von Jesus nicht loskommen ließ und ihn bei aller Abwehr und Ablehnung zu einer erstaunlich positiven Würdigung veranlaßte.

Der frohe Botschafter

In einem ersten Anlauf unternimmt Nietzsche geradezu den Versuch, Jesus von seinen soziokulturellen Voraussetzungen her zu verstehen. So meint er in der »Fröhlichen Wissenschaft«, daß ein Jesus Christus nur in einer Landschaft möglich gewesen sei, »über der fortwährend die düstere und erhabene Gewitterwolke des zürnenden Jehova hing«, so daß »das seltene, plötzliche Hindurchleuchten eines einzelnen Sonnenstrahls durch die grauenhafte, allgemeine und andauernde Tag-Nacht wie ein Wunder der ›Liebe‹ empfunden« werden mußte[16]. Und er fügt dem, ebenso einfühlsam wie kritisch, hinzu:

> Hier allein konnte Christus seinen Regenbogen und seine Himmelsleiter träumen, auf der Gott zu den Menschen hinabstieg; überall sonst galt das helle Wetter und die Sonne zu sehr als Regel und Alltäglichkeit[17].

Auch sonst mischen sich in die Kritik immer wieder Elemente der Anerkennung und Bewunderung ein. So macht Nietzsche in »Menschliches, Allzumenschliches« Jesus zwar den Vorwurf, daß er sich »auf die Seite der geistig Armen« gestellt und dadurch die Verdummung der Menschen gefördert habe; doch schränkt er diese feindselige Bemerkung durch den Zusatz ein, daß man ihn sich »als das wärmste Herz« denken müsse[18]. Angesichts dessen frage er sich, wieviel bei einer Gesamtabrechnung einem Volk nachgesehen werden müsse, »dem man den edelsten Menschen (Christus), den reinsten Weisen (Spinoza), das mächtigste Buch und das wirkungsvollste Sittengesetz verdankt«[19]. Im Zug dieser positiven »Voreingenommenheit« gibt er in »Jenseits von Gut und Böse« sogar zu bedenken, ob »unter der heiligen Fabel und Verkleidung von Jesu Leben« nicht »einer der schmerzlichsten Fälle vom Martyrium des Wissens um die Liebe« verborgen sei[20]. Und noch im »Antichrist« meint er, man könne Jesus »mit einiger Toleranz im Ausdruck« geradezu einen »freien Geist« nennen; denn er mache sich »aus allem Festen Nichts«[21]. Dabei wird man sich vor Augen halten müssen, daß er mit dem Typus des »freien Geistes« eins der markantesten kulturkritischen Leitbilder geschaffen hatte[22].

Aus alledem zieht Nietzsche im »Zarathustra«, mit dem er die endgültige Gegenposition zur Botschaft Jesu einnimmt, in der Form die Summe, daß er dem Prediger des Jenseits die Möglichkeit einer »Bekehrung« zu seinem eigenen Diesseitsglauben zugesteht:

> Wahrlich, zu früh starb jener Hebräer, den die Prediger des langsamen Todes ehren: und Vielen ward es seitdem zum Verhängnis, daß er zu früh starb.
> Noch kannte er nur Tränen und die Schwermut des Hebräers, samt dem Hasse der Guten und Gerechten, – der Hebräer Jesus: da überfiel ihn die Sehnsucht zum Tode.

Wäre er doch in der Wüste geblieben und ferne von den Guten und Gerechten! Vielleicht hätte er leben gelernt und die Erde lieben gelernt – und das Lachen dazu!
Glaubt es mir, meine Brüder! Er starb zu früh; er selber hätte seine Lehre widerrufen, wäre er bis zu meinem Alter gekommen! Edel genug war er zum Widerrufen![23]

Anarchist und Idiot

In der Folge häufen sich dann allerdings die Töne der Ablehnung und des Widerspruchs. Es ist, als schlage Nietzsches Kritik des Christentums nun doch noch auf seinen Stifter durch. Schon in der »Fröhlichen Wissenschaft« wirft er Jesus den verzeihlichen Irrtum vor, daß die Menschen an nichts so sehr litten wie an ihren Sünden, verzeihlich deshalb, weil es der Irrtum dessen war, »der sich ohne Sünde fühlte, dem es hierin an Erfahrung gebrach«[24]. Und doch erwies sich dies als ein Fehlgriff erster Ordnung, weil es die Christen verstanden, »ihrem Meister nachträglich Recht zu schaffen und seinen Irrtum zur ›Wahrheit‹ zu heiligen«[25]. Auch habe der »Stifter des Christentums« darin nicht fein genug empfunden, daß er den Gedanken an das Richtertum Gottes aufrechterhielt und ihn gleichzeitig zum »Gegenstand der Liebe« erklärte:

> Wenn Gott ein Gegenstand der Liebe werden wollte, so hätte er sich zuerst des Richtens und der Gerechtigkeit begeben müssen: – ein Richter, und selbst ein gnädiger Richter, ist kein Gegenstand der Liebe[26].

Ungleich härter geht er mit ihm dann aber schon in der »Genealogie der Moral« ins Gericht. Zwar sei mit dem Christentum etwas Unvergleichliches, »eine neue Liebe, die tiefste und sublimste aller Arten Liebe« aus dem Stamm des jüdischen Hasses herausgewachsen:

> Daß man aber ja nicht vermeine, sie sei etwa als die eigentliche Verneinung jenes Durstes nach Rache, als der Gegensatz des jüdischen Hasses emporgewachsen! Nein, das Umgekehrte ist die Wahrheit! Diese Liebe wuchs aus ihm heraus, als seine Krone, als die triumphierende, in der reinsten Helle und Sonnenfülle sich

breit und breiter entfaltende Krone, welche mit demselben Dran-
ge ... auf Sieg, auf Beute, auf Verführung aus war, mit dem die
Wurzeln jenes Hasses sich immer gründlicher und begehrlicher in
alles, was Tiefe hatte und böse war, hinuntersenkten[27].

Es gilt somit, Jesus die Maske der Liebe vom Gesicht zu reißen, um
zu zeigen, daß Israel »gerade auf dem Umwege dieses ›Erlösers‹, dieses
scheinbaren Widersachers und Auflösers Israels, das letzte Ziel seiner
sublimen Rachsucht erreicht«[28]. Vollends gilt Jesus für Nietzsche im
»Antichrist« als der »heilige Anarchist«, der dadurch, daß er die
Ausgestoßenen und »Sünder« zur Auflehnung gegen die bestehende
Ordnung aufrief, zum »politischen Verbrecher« wurde und deswegen
den Kreuzestod erlitt[29]. Bedauerlich sei nur, daß kein Psychologe vom
Rang Dostojewskijs »in der Nähe dieses interessanten décadent« gelebt
und den »ergreifenden Reiz« der in ihm verkörperten »Mischung von
Sublimem, Krankem und Kindlichem« beschrieben habe[30]. Ihm wäre
der Gegensatz zwischen dem vermeintlichen Rebellen und dem »psy-
chologischen Typus des Erlösers« gewiß nicht entgangen. Denn in
Wirklichkeit bringe Jesus nichts weniger als »das Schwert«; vielmehr
lebe er so vorbehaltlos in seiner Innerlichkeit, daß ihm jede Trennung,
Verneinung und Verweigerung fernliege. Sofern er zum Widerspruch
aufgerufen habe, richte sich der von ihm inszenierte Aufstand ausschließlich gegen das hierarchische System und gegen die starre
Gesellschaftsordnung. Deshalb sei es dann allerdings zuletzt doch ihm
anzulasten, daß sich das Christentum zur Todfeindschaft gegen alle
Realität verschworen habe. Nichts wäre deshalb verkehrter, als Jesus
einen Helden oder gar ein Genie zu nennen: »Mit der Strenge des
Physiologen gesprochen, wäre hier ein ganz andres Wort eher noch am
Platz: das Wort Idiot«[31].

In diesem Wort scheint sich ein derart enthemmter Haß zu entladen,
daß der Rückweg zu einer gerechten Würdigung Jesu ein für allemal
abgeschnitten zu sein scheint. Doch das Gegenteil ist der Fall! Gerade
im Fortgang der Stelle entwickelt Nietzsche ein Jesusbild, das gleicherweise durch seine Einfühlungskraft wie durch seine Hellsichtigkeit
überrascht. Das mag JASPERS dazu veranlaßt haben, den Ausdruck
»Idiot« aus dem Bedeutungsfeld der niederen Sprachpolemik herauszu-
holen. Den Anhaltspunkt dafür fand er in der Titelgestalt des gleichna-
migen Dostojewskij-Romans, in der er den konkreten Anlaß für die
Bezeichnung vermutet[32]. In sorgfältiger Abwägung der Gründe hat sich

WALTER KAUFMANN seinen Erklärungsversuch, wenn auch mit einiger Zurückhaltung, zu eigen gemacht[33]. Bevor man sie jedoch endgültig in Betracht zieht, sollte man sich nach der Möglichkeit einer werkimmanenten Herleitung umsehen.

Wenn man Nietzsches Neigung zur Selbstidentifikation mit dem Gegner (JASPERS) bedenkt, stellt sich ein erklärender Zusammenhang tatsächlich her. Er führt zunächst zurück zur Figur des »tollen Menschen«, der Nietzsches »Philosophie des Vormittags« in einer Weise vertritt, daß man sich unmittelbar an die Verkündigung Jesu erinnert fühlt. Und er führt zuletzt hinüber zu der exorbitanten Stelle in »Ecce homo«, die von der erschrecklichen Angst ihres Verfassers spricht, eines Tages heiliggesprochen zu werden, und in den Ausruf mündet: »Ich will kein Heiliger sein, lieber noch ein Hanswurst...«[34]. Wenn man das Wort »Idiot« in diesem zweifachen Zusammenhang sieht, wird es tatsächlich auf eine neue Weise lesbar. Dann zeigt sich nämlich, daß die Identifikation mit dem Gegner auch in umgekehrter Richtung gilt. Das Bild des Gegners färbt auf die Selbsteinschätzung ab. So gesehen, ist der Ausdruck »Idiot« nur eine besonders drastische Bezeichnung der Außenseiterrolle, in der sich Nietzsche mit Jesus – über einen Abgrund von Verneinung hinweg – verbunden sieht. Dem Botschafter des Gottestodes ergeht es nicht anders als dem Verkünder des Gottesreichs. Beide sehen sich von den »Guten und Gerechten« in eine Außenseiter- und Narrenrolle abgedrängt, die es ihnen dann aber zugleich ermöglicht, ihre Botschaft um so unverblümter auszurichten[35]. Doch damit ist der scheinbar versperrte Weg zu einer positiven Einschätzung Jesu wieder offen.

Ein Kind Gottes

Mit kaum etwas überrascht der Polemiker Nietzsche so sehr wie mit dem einfühlsamen Bild, das er in entschiedenem Gegensatz zu der »groben Wundertäter- und Erlöser-Fabel« der christlichen Glaubenslehre von Jesus und seiner Botschaft entwirft. Was ihn angehe, schreibt er zu Beginn des Abschnitts, der sich zur Bezeichnung Jesu als »Idiot« versteigt, sei ausschließlich der »psychologische Typus des Erlösers«. Und der könne ja in den Evangelien trotz aller Verstümmelung und Überfremdung enthalten sein[36]. Was er bei diesem Versuch, den verfremdeten »Grundtext« der Evangelien aufzudecken, zum Vorschein bringt, ist eine Jesusgestalt jenseits aller Verneinungen und Gegensätze, die ihm selbst, wie Jaspers deutlich machte, ebenso fern wie nahe steht[37]. In der Sicht dieser insgeheim bejahenden Verneinung wird Jesus zum Sprecher einer Religion der Identität und Innerlichkeit, einer, wie Nietzsche sich ausdrückt, »ins Geistige zurücktretenden Kindlichkeit«[38]. Denn er leugnet »jede Kluft zwischen Gott und Mensch« und gibt dem an ihn Glaubenden »den Normal-Zustand zurück«, indem er die »Einheit von Gott und Mensch als *seine* ›frohe Botschaft‹« lebt und ein Evangelium der reinen Gegenwart und Erfüllung verkündet[39]. Demgemäß ist das von ihm proklamierte Reich »nicht etwas, das ›über die Erde‹ oder ›nach dem Tode‹ kommt«, nichts, das zu erwarten wäre; denn »es hat kein Gestern und kein Übermorgen, es kommt nicht in ›tausend Jahren‹, – es ist eine Erfahrung an einem Herzen; es ist überall da, es ist nirgends da...«[40].

Schon damit erinnert diese Gestaltzeichnung Jesu an das Wort ALBERT SCHWEITZERS, daß die großartigsten Jesusbücher »mit Haß« geschrieben worden seien[41]. Doch erreicht dieses von unverkennbarer Haßliebe eingegebene Jesusbild die größte Porträtähnlichkeit erst dort, wo Nietzsche im Zwiegespräch des Gekreuzigten mit seinem Leidensgefährten »das ganze Evangelium« vernimmt:

»Das ist wahrlich ein göttlicher Mensch gewesen, ein ›Kind Gottes‹«, sagt der Schächer. »Wenn du dies fühlst« – antwortet der Erlöser – »*so bist du im Paradiese,* so bist du ein Kind Gottes«[42].

Noch suggestiver hatte Nietzsche diese Paraphrase des lukanischen Kreuzigungsberichts (Lk 23,39–43) in der Vorstudie zu diesem Passus formuliert:

Der Schächer am Kreuz: – wenn der Verbrecher selbst, der einen schmerzhaften Tod leidet, urteilt: »so, wie dieser Jesus, ohne Revolte, ohne Feindschaft, gütig, ergeben, leidet und stirbt, so allein ist es das Rechte«, hat er das Evangelium bejaht: und damit *ist er im Paradiese*...[43].

Über dieser erstaunlichen Annäherung darf man freilich den Widerspruch nicht aus dem Auge verlieren, den Nietzsche auch in diesen Äußerungen aufrechterhält. Sein bedingtes Ja zu Jesus steht im Kontext des antichristlichen Nein. Er nimmt Jesus nicht nur von seiner

Christentumskritik aus, um diese desto vehementer betreiben zu können, nein, er bricht mit seiner Aufwertung Jesu zugleich das Herz aus dem Christentum heraus, sofern man sich nicht lieber an sein Vorhaben erinnern will, eine »Realität« an das christliche Fiktions-Gebäude heranzutragen, um es endgültig zu Fall zu bringen[44]. Wenn sich Nietzsche auch nie formell dazu versteht, die Gestalt Jesu gegen seine »Stiftung« auszuspielen, liegt im Jesusbild des »Antichrist« doch zweifellos der Ansatz zu einem derartigen Verfahren vor.

Unabhängig davon wird man sich aber gerade in diesem Zusammenhang an den sprachtheoretischen Grundsatz Nietzsches erinnern müssen, wonach das Verständlichste an der Sprache nicht die Aussage, sondern die Musik hinter den Worten, die Leidenschaft hinter der Musik und die Person hinter der Leidenschaft ist[45]. Deshalb wird man nicht nur auf die Tendenz, sondern auch auf den Ton seiner Aussage achten müssen. Der aber zeigt eine Wärme, die nur mit einem Rest von Verbundenheit und Verehrung zu erklären ist. Hatte sich der junge Nietzsche vom Blick Jesu getroffen gefühlt, so erkennt sich der späte – nachdem er sich den »Pfeil« dieses Blicks längst aus dem Herzen gerissen hatte – doch noch in ihm wieder. Obwohl alle Brücken der Positivität abgebrochen sind, steht er zu Jesus in einem Verhältnis des kaum verhohlenen Respekts, womöglich sogar einer unterschwelligen Bewunderung und Solidarität. An keiner Front seines unablässigen Kampfs gilt das Wort von der Identifikation mit dem Gegner so sehr wie hier. So gesehen, ist es kein Zufall, sondern Ausdruck einer im Widerspruch bewahrten Verbundenheit, wenn er das Selbstporträt, das er im letzten Schaffensrausch entwarf, um nicht verwechselt zu werden, mit dem »allerchristlichsten Titel ›Ecce homo‹« überschreibt (MANN)[46].

ANMERKUNGEN

[1] Dazu der Sammelband »Nietzsche. Werk und Wirkungen«, hrsg. von HANS STEFFEN, Göttingen 1974; ferner die kritische Bemerkung WALTER KAUFMANNS zu diesen vergleichenden Betrachtungen: Nietzsche, XXII.

[2] Ecce homo. Vorwort, § 1.

[3] Nachlaß (Die Unschuld des Werdens I) § 1116.

[4] Näheres dazu in dem von LUDOLF MÜLLER gestalteten Sammelband »Wladimir Solowjew. Übermensch und Antichrist«, Freiburg/Br. 1958.

[5] Die Anspielung bezieht sich auf die in »Ecce homo« geschilderte Entstehungsgeschichte des »Zarathustra« (Warum ich so gute Bücher schreibe: Also sprach Zarathustra, § 3), die THOMAS MANN ein »stilistisches Meisterstück« nannte, das sich nur mit der »wundervollen Analyse des Meistersinger-Vorspiels« in »Jenseits von Gut und Böse« und der »dionysischen Darstellung des Kosmos«, am Ende des »Willens zur Macht« vergleichen lasse: Nietzsches Philosophie im Lichte unserer Erfahrung, in: Neue Studien, Frankfurt/M. 1948, 121.

[6] BRENTANO, Nietzsche als Nachahmer Jesu, in: Die Lehre Jesu und ihre bleibende Bedeutung, hsrg. von ALFRED KASTIL, Leipzig 1922, 129–132.

[7] JASPERS, Nietzsche und das Christentum, 23.

[8] A.a.O., 19.

[9] Der Antichrist, § 39.

[10] Das zeigt schon der Eingang der späten Vorrede zu »Menschliches, Allzumenschliches« (von 1886).

[11] Die Zeugnisse dafür lassen sich zurückverfolgen bis auf PHILON VON ALEXANDRIEN, im Gegensinn dazu aber auch bis zu REINHOLD SCHNEIDERS »Winter in Wien«. Am eindringlichsten reflektierte darauf die CUSANUS-Schrift »De visione Dei« (von 1454), die schon mit diesem Titel auf die unentflechtbare Wechselbeziehung von Sehen und Gesehensein hinweist.

[12] Gedicht vom August 1862, nach AUGUSTIN, Nietzsches religiöse Entwicklung, 19.

[13] Jugendschriften (Ausgabe METTE) II, 188.

[14] In seinen Erläuterungen zu Nietzsches Zarathustra (Stuttgart 1922, 20) vertritt MESSER die Ansicht, daß sich Nietzsche für Jesus »bei aller Gegnerschaft gegen das Christentum stets eine zarte Hochschätzung bewahrt« habe.

[15] MANN, Nietzsches Philosophie im Lichte unserer Erfahrung, 133f.

[16] Die fröhliche Wissenschaft III, § 137.

[17] Ebd. So trivial der Schluß anmutet, so bemerkenswert ist der Hauptgedanke, der mit der Anspielung auf die Sintflutgeschichte die Lehre Jesu als eine Friedensbotschaft versteht und mit dem Ausdruck »Himmelsleiter« auf eine Episode des Johannes-Evangeliums verweist (1,46–51).

[18] Menschliches, Allzumenschliches I, § 235.

[19] Menschliches, Allzumenschliches I, § 475.

[20] Der Antichrist, § 32.

[21] Ebd.

22 Dazu die Ausführungen meines Nietzsche-Buchs »Gott ist tot«, 212–216.

23 Zarathustra I, Vom freien Tode.

24 Die fröhliche Wissenschaft III, § 138.

25 Ebd.

26 A.a.O. III, § 140.

27 Zur Genealogie der Moral I, § 8.

28 Ebd.

29 Der Antichrist, § 27.

30 Der Antichrist, § 31.

31 Der Antichrist, § 29. Der in den Erstausgaben des »Antichrist« unterdrückte Ausdruck wurde erst durch die Untersuchungen JOSEF HOFMILLERS ans Licht gebracht: Nietzsche, in: Süddeutsche Monatshefte 29 (1931) 74–131 (83).

32 Der etwas weit hergeholte Gedanke gewinnt an Überzeugungskraft, wenn man sich vergegenwärtigt, daß die im »Antichrist« entwickelte Charakteristik Jesu der Romangestalt, die der Dichter selbst wiederholt mit Christus identifizierte, tatsächlich in wichtigen Einzelzügen gleicht. Nicht zuletzt spricht die Tatsache dafür, daß Nietzsche im Fortgang der Stelle die »seltsame und kranke Welt, in die uns die Evangelien einführen... wie aus einem russischen Romane« genommen sieht, in welchem sich der »Auswurf der Gesellschaft, Nervenleiden und ›kindliches‹ Idiotentum ein Stelldichein zu geben scheinen« (§ 31). Unmittelbar danach nennt er Dostojewskij sogar ausdrücklich beim Namen. Warum hat er ihn dann aber nicht bei der Bezeichnung Jesu als »Idiot« erwähnt? Und warum geht er auf den Roman »Der Idiot« selbst nicht ein? Wollte er am Ende, wie im Fall der Abhängigkeit von Heine, sich auch hier die »Originalität« durch das Verschweigen der Quelle sichern? Zu berücksichtigen ist allerdings, daß der Roman bei der Niederschrift des »Antichrist« wohl in französischer, aber noch nicht in deutscher Übersetzung vorlag. Daß Nietzsche ihn kannte, ist somit durchaus zweifelhaft, und dies in einem Grad, daß die Suche nach anderen Erklärungen vollauf gerechtfertigt erscheint.

33 KAUFMANN, Nietzsche, 396f.

34 Ecce homo. Warum ich ein Schicksal bin, § 1. Näheres dazu im Schlußkapitel dieses Buches.

35 Unterschwellig mag in Nietzsche die Erinnerung an die Szene der Lukaspassion fortgewirkt haben, in welcher der an Herodes überstellte Jesus von diesem mit einem Narrengewand bekleidet und zusammen mit seinem Hofstaat verspottet wird (Lk 23, 6–12).

36 Der Antichrist, § 29.

37 JASPERS, Nietzsche und das Christentum, 70ff.

38 Der Antichrist, § 32.

39 Der Antichrist, §§ 40f; dazu KSA XIII, 99; 155.

40 Der Antichrist, § 34.

41 SCHWEITZER, Geschichte der Leben-Jesu-Forschung, München – Hamburg 1966, 48.

42 Der Antichrist, § 35. In seinem (Anm. 32 angeführten) Nietzsche-Essay weist HOFMILLER darauf hin, daß auch dieser Passus, der das Bekenntnis des Hauptmanns mit dem

Wort des Leidensgefährten vermengt und deshalb Nietzsches Bibelfestigkeit ins Zwielicht zu rücken schien, von den Erstherausgebern des »Antichrist« unterdrückt wurde (94f). Dieser Ansicht schließt sich auch der Kommentarband zur Kritischen Studienausgabe an (XIV, 442).

[43] KSA XIII, 154.

[44] Dazu nochmals das am Schluß von Kapitel II Gesagte.

[45] Nachlaß (Die Unschuld des Werdens II) § 508.

[46] MANN, Nietzsches Philosophie im Lichte unserer Erfahrung, 123.

FÜNFTES KAPITEL

PROVOKATION

oder:

»DER GEGENSATZ EINES NEINSAGENDEN GEISTES«

Nietzsches Angriff auf den christlichen Gottesbegriff ist ebenso wie seine Kritik Jesu mit einer eigentümlichen Konzessionsbereitschaft verbunden. Wie er an Jesus bei aller Ablehnung Elemente seines eigenen Wollens entdeckt, so gesteht er im Fall seiner Gotteskritik ein, daß im Grunde »nur der moralische Gott widerlegt« ist[1]. Das eine wie das andere Zugeständnis erklärt sich am besten daraus, daß Nietzsches Gotteskritik ebenso wie sein kritisches Jesusbild im Zusammenhang mit seiner Christentumskritik stehen. Das heißt dann aber umgekehrt, daß diese auf dem Hintergrund seiner Botschaft vom Tod Gottes und seines Verhältnisses zu Jesus neu gelesen werden kann. Zunächst führt das zu der bereits bekannten radikal negativen »Lektüre«. Denn ein Christentum, aus dem der Gottesbegriff herausgebrochen und das zudem von der Gestalt seines Stifters abgekoppelt wurde, bietet einen wahrhaft gespenstischen Eindruck. Es wirkt wie ein Gebäude nach einem verheerenden Sturm, der alles wegriß, was seine »Wohnlichkeit« ausmachte. Damit legt der Sturm aber auch seine Strukturen in einer Weise frei, wie sie vordem noch nie zu sehen waren. Und das ist, wenn aus dieser Einsicht Lehren gezogen werden, inmitten des Ruins ein nicht unbeträchtlicher Gewinn.

Das unbewohnte Gebäude

Was zunächst die Frage nach dem »entgöttlichten« Christentum anlangt, so treten an ihm vor allem die hierarchischen Strukturen überdeutlich zutage. Eine als Raum des gelebten Gottesglaubens erfahrene Kirche scheint Nietzsche ohnehin zeitlebens fremd geblieben zu sein. Was er aber jetzt, jenseits von Gott, an ihr erblickt und anstößig findet, ist ihr institutioneller Aufbau, ist das in ihr in Erscheinung tretende Kasten- und Ordnungsgefüge. Als »letzter Römerbau« war sie ihm schon in der »Fröhlichen Wissenschaft« suspekt. Sosehr sie ihm als »Herrschaftsgebilde« imponiert, nennt er sie doch im selben Atemzug die »Stadt des Untergangs«[2]. Zwar ist sie, wie er mit einer polemischen Spitze gegen Luther und dessen »Bauernaufstand des Geistes« sagt, verglichen mit dem Staat immer noch die »vornehmere Institution«, weil sie den »geistigeren Menschen den obersten Rang sichert«; doch schiebt er in der Folge diese Unterscheidung zugunsten einer pauschalen Aburteilung beiseite. So ist ihm schon im »Zarathustra« die Kirche nur noch »eine Art von Staat, und zwar die verlogenste«[3]. Und Zarathustra läßt auch keinen Zweifel daran, daß sich ihm die Kirche so darstellt, weil Gott aus ihr gewichen ist, und weil er in der Perspektive seiner Gottlosigkeit in ihr nur noch ein Macht- und Herrschaftsgebilde erblickt.

Ohne daß ein literarischer Zusammenhang bestünde, knüpft Nietzsche mit diesen Vorwürfen doch faktisch an die von KIERKEGAARD geübte Institutionskritik an. Auf verblüffende Weise nimmt dieser Gedanken Nietzsches vorweg, wenn er der dänischen Kirchenführung vorwirft, sie habe die ihr anvertraute Festung dadurch, daß sie Brücken über die Wassergräben bauen ließ, in einen schutzlosen »Landsitz« verwandelt, sie sei also den Weg der Anpassung, der Beschwichtigung und Permissivität gegangen[4]. Das läuft folgerichtig auf den noch ungleich gewichtigeren Vorwurf hinaus, das Christentum seiner Zeit sei von den Forderungen des Evangeliums und damit vom Willen seines Stifters abgefallen und habe sich so aus einem Hort der Wahrheit in eine Versorgungsanstalt verwandelt. Strukturell gesehen wiederholt Kierkegaard damit im Grunde nur den Kerngedanken seiner Systemkritik, die, wie schon eingangs vermerkt, den von ihm zugleich bewunderten und bekämpften Systemdenkern vorhält, sie hätten bei allem Glanz der Architektur die Rücksicht auf die »Bewohnbarkeit« ihres Bauwerks außer acht gelassen und es deshalb verabsäumt, den von ihnen errichteten Palast auch selber zu beziehen[5]. Nur geht es ihm jetzt, bei seiner Institutionskritik, um die Frage der »Bewohnbarkeit« der Kirche für ihren Stifter und Herrn.

Darin konnte Nietzsche, für den Gott tot und Christus nur ein »heiliger Anarchist« war, Kierkegaard nicht folgen; deshalb blieb seine Kirchenkritik an derjenigen Kierkegaards gemessen, im Vorfeld einer bloßen Strukturkritik stecken. Doch schärfte ihm sein Unglaube gerade dafür den Blick. Was er angreift, ist, trotz anfänglicher Bewunderung, das Herrschaftsgebilde, als das sich ihm das christliche Systemgebäude darstellt, nachdem der Zentralbegriff, Gott, aus ihm herausgebrochen wurde. Mit Kierkegaard verbindet ihn allenfalls die Überzeugung, daß der Schwund der Glaubenskraft – in seiner Sprache: der Tod Gottes – am schmerzlichsten im kirchlichen Binnenraum erfahren wird. Während der »tolle Mensch« bei den ungläubigen Marktstehern zuletzt nur befremdetes Schweigen erntet, schlägt ihm aus den Kirchen, in die er am Ende seiner vergeblichen Aktion eindringt, der Todeshauch von Grabmälern entgegen. In den Kirchen wird manifest, was sich auch in ihrem Vorfeld, dort nur unbemerkt, ereignet hat. Deshalb fällt die Kirchenkritik zuletzt auch auf Nietzsches Zeitanalyse zurück. Der »Tod Gottes« ist für ihn keineswegs nur ein binnenchristliches Ereignis; vielmehr zog er alle Verhältnisse in Mitleidenschaft. Umgekehrt rückt dann aber auch die Veränderung im Vorfeld die Krise des Christentums ins volle Licht.

Die größte Veränderung

Im dritten Buch der »Fröhlichen Wissenschaft«, das mit dem Aphorismus »Neue Kämpfe« einsetzt und in der Parabel vom »tollen Menschen« einen ersten Höhepunkt erreicht, notiert Nietzsche unter dem Stichwort »Die größte Veränderung«:

> Die Beleuchtung und die Farben aller Dinge haben sich verändert! Wir verstehen nicht mehr ganz, wie die alten Menschen das Nächste und Häufigste empfanden – zum Beispiel den Tag und das Wachen: dadurch, daß die Alten an Träume glaubten, hatte das wache Leben andere Lichter ... Alle Erlebnisse leuchteten anders, denn ein Gott glänzte aus ihnen...[6]

Daran knüpft der Eingangsaphorismus des erst nachträglich angefügten fünften Buchs mit dem Titel »Was es mit unserer Heiterkeit auf sich hat« an, der mit den Worten beginnt:

> Das größte neuere Ereignis – daß »Gott tot ist«, daß der Glaube an den christlichen Gott unglaubwürdig geworden ist – beginnt bereits seine ersten Schatten über Europa zu werfen. Für die wenigen wenigstens, deren Augen, deren *Argwohn* in den Augen stark und fein genug für dies Schauspiel ist, scheint eben irgendei-

ne Sonne untergegangen, irgendein altes tiefes Vertrauen in Zweifel umgedreht: ihnen muß unsere alte Welt täglich abendlicher, mißtrauischer, fremder, »älter« scheinen[7].

Und er fragt im Fortgang des Textes nach dem Diagnostiker dieser »Verdüsterung und Sonnenfinsternis, derengleichen es wahrscheinlich noch nicht auf Erden gegeben hat«. Was zunächst im Raum der Kirche verlorenging, als »der Glaube an den christlichen Gott unglaubwürdig« wurde, wirft seine verdüsternden Schatten in den gesamten Außenraum der Profanität, der kulturellen, sozialen und politischen Erscheinungen. Die »freien Geister« fühlen sich freilich bei der Nachricht vom Tod des alten Gottes »wie von einer neuen Morgenröte angestrahlt«, da mit ihm die umgrenzende Horizontlinie weggewischt und der Blick grenzenlos freigegeben ist. So empfinden sie die einfallenden Schatten als eine »schwer zu beschreibende Art von Licht, Glück, Erleichterung, Erheiterung, Ermutigung«. Doch können auch sie sich keiner Illusion darüber hingeben, daß zunächst eine »lange Fülle und Folge von Abbruch, Zerstörung, Untergang, Umsturz« bevorsteht. Mit diesen Wendungen nimmt Nietzsche fast wörtlich die Zeitdiagnose MARTIN BUBERS vorweg, die dieser unter dem Stichwort »Gottesfinsternis« vortrug[8]. Denn auch angesichts der Erfahrungen des halben Jahrhunderts nach Nietzsches Tod galt für Buber noch immer: »Verfinsterung des Himmelslichts, Gottesfinsternis ist . . . der Charakter der Weltstunde, in der wir leben«[9]. Als sei er der gesuchte Diagnostiker, stimmt er sich mit diesem Satz auf »Nietzsches Spruch, Gott sei tot, wir hätten ihn getötet«, ein, in dem er »die Endsituation des Zeitalters pathetisch« zusammengefaßt sieht[10]. Dann aber setzt er doch einen neuen Akzent. Daß die Gottesfinsternis eintrat, so meint er, sei nicht nur auf eine Störung im menschlichen Auge zurückzuführen, sondern gleichzeitig – und vor allem – die Folge eines numinosen Entzugs. Damit verschärft er die von Nietzsche gegebene Zustandsbeschreibung. Mit dem »alten Gott« ist alles Leben aus den Dingen geschwunden; zurück blieben lediglich die seelenlosen Strukturen. So hatte es bereits JEAN PAUL in seinem phantastischen »Nachtgesicht« empfunden, mit dem die Bekundungen der Gottesfinsternis insgeheim ihren Anfang nehmen:

Und als ich niederfiel und ins leuchtende Weltgebäude blickte: sah ich die emporgehobenen Ringe der Riesenschlange der Ewigkeit, die sich um das Welten-All gelagert hatte, – und die Ringe fielen

nieder und sie umfaßte das All doppelt – und dann wand sie sich
tausendfach um die Natur – und quetschte die Welten aneinander
– und drückte zermalmend den unendlichen Tempel zu einer
Gottesacker-Kirche zusammen – und alles wurde eng, düster,
bang[11].

Damit schließt sich dann aber auch schon der Ring zu Nietzsches
antikirchlicher Institutionskritik. Gleichzeitig verstärkt sich der Eindruck, daß ihr eine provokative Anfrage an das Christentum einge-
schrieben ist. Erst wenn sie lesbar gemacht wurde, hat man den Sinn
seiner Kritik voll erfaßt.

Die Faust aufs Auge

Bevor man der Frage der Provokation nachgehen kann, muß Nietzsches Kritik zunächst noch unter dem Gesichtspunkt seiner Aufwertung Jesu bedacht werden. Indem er die Gestalt Jesu von ihr ausnimmt,
erneuert sich das Bild eines Systemgebäudes, aus dem der Zentralbegriff herausgebrochen wurde. Nur betrifft die Ausklammerung nunmehr nicht den Glauben an Gott, sondern die Verankerung der Kirche
in ihrem Stifter. Über einen gewaltigen Zeitenabstand hinweg berührt
sich Nietzsche darin erneut mit ANSELM VON CANTERBURY, der sich
in seiner Schrift über die Menschwerdung (Cur Deus homo) vorgenom-
men hatte, so zu argumentieren, als wäre von Christus nichts bekannt.
Auf dieses Verfahren einer »Beiseitestellung Christi« (remoto Christo)
fällt Nietzsche unwillkürlich zurück, wenn er die Gestalt Christi von
seiner Stiftung abzutrennen sucht. Der Unterschied liegt nur darin, daß
es bei Anselm in hermeneutischer Absicht geschieht, während sich
Nietzsche gerade hier von seinem polemischen Instinkt leiten läßt.
Deshalb sind Christentum und Kirche von diesem Vorgehen auch
nicht weniger schwer, vermutlich sogar unmittelbarer als selbst von
seinem Angriff auf den Gottesglauben getroffen.

Das wirkt sich vehement auf den dann noch verbliebenen Restbe-
stand von Christentum aus. Sah Nietzsche in ihm zunächst wenigstens
noch die Strukturen des »Herrschaftsgebildes«, so jetzt nur noch ein
System von »kirchlichen Kruditäten«[12]. In eklatantem Unterschied
dazu hatte der »frohe Botschafter« mit den Begriffen Gott, Gotteskindschaft und Himmelreich die Vorstellung von einer spirituellen Lebens-

praxis verbunden, durch die »man sich ›göttlich‹, ›selig‹, ›evangelisch‹, jederzeit ein ›Kind Gottes‹ fühlt«[13]. Denn nichts lag dem »großen Symbolisten« Jesus ferner, als aus dieser »ewigen Tatsächlichkeit« ein Dogmensystem und einen Anspruch auf Personal-Unsterblichkeit herzuleiten. Tatsächlich aber wurde die Christentumsgeschichte durch die Einführung der »groben Wundertäter- und Erlöser-Fabel« zur Geschichte »des schrittweise immer gröberen Mißverstehens« jenes ursprünglichen Symbolismus[14]. Was auf diesem Weg zustande kam, vor allem in Gestalt der Lehre von der Dreifaltigkeit Gottes und vom »Sohne Gottes« als der zweiten Person in ihr, war »die *Faust* auf dem Auge – oh auf was für einem Auge! – des Evangeliums«, es war die zynische Verfälschung des »Gesamt-Verklärungs-Gefühls«, dem Jesus das Wort geredet hatte[15]. Am Ende stand so – wiederum im Blick auf Kierkegaard gesprochen – ein Lehrsystem, aus dem der Geist des Urhebers und damit jeder positive Sinn geschwunden war.

Nicht als geriete Jesus bei Nietzsche damit nun doch noch unter ein positives Vorzeichen! Zwar wird er ausgenommen, jedoch nur zu dem Ziel, damit die Christentumskritik auf die Spitze zu treiben. So bleibt er in die Gesamtverneinung dieser Kritik eingeschlossen. Am deutlichsten zeigt das Nietzsches Warnung in der »Genealogie der Moral«, die von Jesus gelebte und verkündete Liebe als einen positiven Neubeginn zu werten, da sie doch in Wahrheit als die triumphierende, in reinster Helle und Sonnenfülle sich entfaltende Krone des jüdischen Hasses begriffen werden müsse, aus dem sie letztlich hervorgewachsen sei[16].

Die Liebe Jesu als Krone des Hasses – das ist längst vor dem auftrumpfenden Schlußwort des »Antichrist« das abschließende Urteil Nietzsches über Christus und das Christentum. Wenn er aber im gleichen Atemzug Jesus »das leibhafte Evangelium der Liebe« nennt, so ist das zugleich der Ausdruck eines derart substantiellen Verständnisses, daß man buchstäblich bis auf die Identitätschristologie des ORIGENES zurückgehen muß, um auf vergleichbare Formulierungen zu stoßen[17]. Aufs neue bestätigt sich hier die Einzigartigkeit von Nietzsches Kritik. Sosehr sie immer wieder zum Frontalangriff übergeht, bleibt sie doch nie bloße Konfrontation; vielmehr dringt sie immer wieder, mit JASPERS gesprochen, schon mitten im Kampf in den Innenraum der gegnerischen Position ein, und geschähe dies auch nur, um ihr von dort her wirksamer beikommen zu können. Das bedingt dann jene Doppelwertigkeit seiner Kritik, die Nietzsche selbst deutlich geworden sein muß, wenn er von sich sagt, er widerspreche, wie nie widersprochen worden ist und sei »trotzdem der Gegensatz eines neinsagenden Geistes«[18]. Deshalb ließe man sich den positiven Hintersinn seiner Kritik entgehen, wenn man sie nicht zugleich als eine ebenso schmerzliche wie hilfreiche Provokation entgegennähme.

Niemand wird sagen können, ob er sich bei dieser »positiven Lektüre« seines Angriffs tatsächlich in Übereinstimmung mit Nietzsche befindet. Immerhin fällt es auf, daß er sich gegen Ende seines »Antichrist« in eine heftige Attacke auf Luther hineinsteigert, der das in offener Selbstauflösung begriffene Papsttum durch seine maßlosen Angriffe wiederhergestellt habe[19]. Bei aller Aggressivität klingt das fast wie ein Stück Selbstkritik oder doch wie das Eingeständnis, daß auch von seiner antichristlichen Polemik ein Anstoß zur Wiederherstellung des Christentums ausgehen könnte. Tatsächlich rechnet Nietzsche nicht nur mit einer Wiederkehr Gottes, sondern auch mit einer – bedingten – Fortdauer des Christentums. Was die Gottesfrage anlangt, so überrascht er alle atheistischen Prognosen mit der Ankündigung: »und ihr sollt ihn bald wiedersehn, jenseits von Gut und Böse«[20]. Und die Bedingungen, unter denen für ihn das »Christentum in jedem Augenblick noch möglich« ist, heißen »Abkehr von Politik, Metaphysik und Dogmatik«:

> Wer jetzt sagte »ich will nicht Soldat sein«, »ich kümmere mich nicht um die Gerichte«, »die Dienste oder Polizei werden von mir nicht in Anspruch genommen«, »ich will nichts tun, was den Frieden in mir selbst stört: und wenn ich daran leiden muß, nichts wird mehr mir den Frieden erhalten als Leiden« – der wäre Christ[21].

In der gerafften Fassung des »Antichrist« wird daraus die – freilich in einen radikal-kritischen Zusammenhang hineingestellte – These:

> Das echte, das ursprüngliche Christentum wird zu allen Zeiten möglich sein ... *Nicht* ein Glauben, sondern ein Tun, ein Vieles-*nicht*-tun vor allem, ein andres *Sein*[22].

Was hier wie eine Konzession an das Christentum klingt, ist in Wirklichkeit bereits eine ebenso leise wie grundsätzliche Provokation. Denn diese Sätze, in denen der Unglaube dem Glauben eine Überlebenschance einräumt, wirken wie ein Spiegel, der den Schatten im Antlitz des Glaubens sichtbar macht. Tatsächlich verhält sich der Christenglaube spiegelbildlich zu Nietzsches »jasagender Kritik«. Wie mit seinem Widerspruch eine unterschwellige Zustimmung einhergeht, dauert umgekehrt im Glauben ein Element des Widerspruchs fort. Seine Grundformel ist deshalb nicht ein triumphalistisches »Ja und Amen«, sondern der Ausruf des um das Leben seines Kindes bangenden Vaters: »Ich glaube, hilf meinem Unglauben!« (Mk 9,24)[23] Doch tritt dem Glauben im Spiegel von Nietzsches Kritik nicht nur das eigene Bild in ungewohnter »Tiefenschärfe« entgegen; vielmehr treten ihm auch Einzelzüge, wenngleich in aggressiver Verzerrung, vor Augen, die er nur zu seinem eigenen Schaden übersehen könnte. An dieser Stelle wird man sich nochmals daran erinnern müssen, daß Nietzsche seine Kritik vielfach bis zur Identifikation mit dem Gegner vorantreibt und so die angegriffene Sache in ihrer unverstellten »Radikalität« zu Gesicht bekommt. Er bekämpft das Christentum mit aller Energie, doch so, daß er dabei immer wieder auf »Radikalformen« des Glaubens stößt. Grund genug, seine Polemik als kritische Anfrage an das Christentum hörbar zu machen. Im einzelnen läßt sich seine Provokation auf vier Fragen zurückführen:

1. Kann das Christentum in seiner theoretischen und praktischen Selbstdarstellung vor Nietzsches Systemkritik bestehen?
2. Spricht seine Verkündigung so von Gott, daß er als Quellgrund der Sinn- und Identitätsfindung erfahren werden kann?
3. Kann Nietzsches kritisches Jesusbild als Beitrag zur Wiederentdeckung Jesu im heutigen Glaubensbewußtsein gelten?
4. Verfügt das Christentum über eine glaubhafte Alternative zu Nietzsches Zielbild des »Übermenschen«?

Vor Nietzsches System- und Institutionskritik werden Christentum und Kirche dann bestehen können, wenn sie sich dem Ruf nach größerer Lebensnähe in der Lehre und nach mehr Menschlichkeit in ihren Strukturen nicht verschließen. Was die Lebensnähe der Lehre anlangt, so ist mit der vielberedeten »anthropologischen Wende« in der Theologie bereits ein verheißungsvoller Anfang gemacht[24]. Ihr liegt die wahrhaft revolutionäre Erkenntnis zugrunde, daß in jedem Satz über Gott der Mensch mitgesagt ist. Im Licht dieser Erkenntnis darf, nein muß das christliche Grunddogma von der Menschwerdung Gottes zugleich als Weg zur definitiven Selbstwerdung des Menschen begriffen werden. Und ebenso ist dann der Glaube an die Trinität als das höchste Modell einer Neugestaltung der zwischenmenschlichen Beziehungen zu verstehen. Von einer wirklichen »Lebensnähe« der Lehre kann aber erst dann die Rede sein, wenn der Mensch auch konkret, mit seinen Sehnsüchten und Ängsten, berücksichtigt wird. Ihm ist, wie gerade die jüngste Entwicklung der Glaubensgeschichte zeigt, nur bedingt mit Auskünften von formaler Richtigkeit, um so mehr jedoch mit der Vermittlung von Erfahrungswerten geholfen. War dem Glauben gestern noch vor allem an klarer Umschreibung seiner Inhalte gelegen, so lautet seine Grundforderung heute: Gib mir Erfahrung, und ich glaube!

Ungleich drängender aber stellt sich heute noch die Forderung nach mehr Menschlichkeit in den Strukturen. Konnte sich der kirchentreue Christ früherer Generationen noch daran erbauen, daß der »Römerbau« der Kirche den ungeheueren Erosionsprozeß der abendländischen Geschichte als einzige Institution überdauerte, so sucht der heutige Christ in seiner Kirche vor allem einen Ort des Entrinnens vor dem zunehmenden Leistungsdruck, der vielfältigen Verunsicherung und der wachsenden Lebensangst. Kirche, das ist für ihn in erster Linie ein Ort der Geborgenheit, des Aufatmens, der Bestätigung und in alledem der Raum der aufgehobenen Entfremdung. Im wachsenden Unbehagen an der bestehenden Sozietät erwartet er von ihr die große Alternative zur bloß »gesellschaftlichen« Lebensform, deren Vergünstigungen mit Zwang und Manipulation verkoppelt sind. Daß es eine Alternative dieses Stils inmitten der offenen und geheimen Zwangssysteme gibt, ist seine innerste Zuversicht und das Vertrauen, das er seiner Kirche entgegenbringt. Dem wird sie gerade auch in ihrer institutionellen Selbstdarstellung entsprechen müssen[25].

Daß das mehr als nur ein frommer Wunschtraum ist, zeigt der Umschichtungsprozeß im Erscheinungsbild der heutigen Theologie. Wachen Beobachtern der theologischen Szene konnte nicht entgehen, daß die wissenschaftliche Selbstdarstellung des Glaubens ihren Glanz mit dem Verzicht auf ganze Bereiche erkaufte. So begann die Theologie schon früh nur noch argumentativ von den Wundern Jesu zu reden, während sie die Möglichkeit einer spontanen Heilszusage aus ihrem

Blickfeld verlor. Ähnlich verhielt sie sich zum Glaubenszeugnis der Kunst, das sie fast unbeachtet auf sich beruhen ließ. In beidem aber, in der ästhetischen Anschauung wie in der therapeutischen Zusage des Heils, geht es um elementare Interessen des Menschen, der von der Theologie nicht nur Belehrung, sondern ebensosehr auch Erhebung und Heilung erwartet. Deutliche Anzeichen sprechen dafür, daß sie heute im Begriff steht, dieser Erwartung durch die Integration der ausgegrenzten Bereiche zu genügen. Denn die offensichtliche Selbstkorrektur, in der sie begriffen ist, zielt letzten Endes darauf ab, den »hochgewölbten Palast« ihres Gedankengebäudes (KIERKEGAARDS) für den Menschen, bewußter als bisher, bewohnbar zu machen[26].

Exponent des ekklesialen Systems ist für Nietzsche der Gottesbegriff, der letztlich die Schuld an seiner »Unbewohnbarkeit« trägt. Als Inbegriff der »Abkehr vom Leben« stieg mit ihm »das Widernatürliche auf den Thron«[27]. Im selben Maß, wie sich die Menschheit diesem »kategorischen Imperator« unterwarf, verfiel sie dem fatalen Hang, ihr Eigenstes und Bestes an ihn abzutreten[28]. In einem Akt ungeheuerlicher Selbstverschwendung umkleidete sie das göttliche Phantom mit ihren ureigenen Attributen. Deshalb besteht ihre zugleich vornehmste und dringlichste Aufgabe darin, diesen Hang, wie es mit letzter Schärfe der Aphorismus »Excelsior!« insinuiert, zu überwinden und, wie der Nachlaß dem hinzufügt, die Gott zugelegten Attribute sich selber zuzuschreiben[28a]. Im Anlauf dazu hatte Nietzsche in einer Nachlaß-Notiz versichert:

Wenn wir nicht aus dem *Tode Gottes* eine großartige *Entsagung* und einen fortwährenden Sieg *über uns* machen, so haben wir den *Verlust zu tragen*[29].

Jetzt gibt er dem Gott Entsagenden mit fast beschwörenden Worten, die wie die Parabel vom »tollen Menschen« an dem modellgebenden Heine-Text orientiert sind, zu bedenken:

»Du wirst niemals mehr beten, niemals mehr anbeten, niemals mehr im endlosen Vertrauen ausruhen – du versagst es dir, vor einer letzten Weisheit, letzten Güte, letzten Macht stehenzubleiben und deine Gedanken abzuschirren – du hast keinen fortwährenden Wächter und Freund für deine sieben Einsamkeiten – du lebst ohne den Ausblick auf ein Gebirge, das Schnee auf dem

Haupte und Gluten in seinem Herzen trägt – es gibt für dich
keinen Vergelter, keinen Verbesserer letzter Hand mehr – es gibt
keine Vernunft in dem mehr, was geschieht, keine Liebe in dem,
was dir geschehen wird – deinem Herzen steht keine Ruhestatt
mehr offen, wo es nur zu finden und nicht mehr zu suchen hat, du
wehrst dich gegen irgendeinen letzten Frieden, du willst die ewige
Wiederkunft von Krieg und Frieden: – Mensch der Entsagung, in
Alledem willst du entsagen? Wer wird dir die Kraft dazu geben?
Noch hatte Niemand diese Kraft!«[30]

Doch ist die Größe des Verzichts nur das Maß für den von der
Absage an Gott zu erhoffenden Gewinn. Das sagt das folgende Bildwort
von dem immer höher steigenden See,»der es sich eines Tages
versagte, abzufließen, und einen Damm dort aufwarf, wo er bisher
abfloß«, vor allem aber die abschließende Anwendung dieses Bildes:
»vielleicht wird der Mensch von da an immer höher steigen, wo er
nicht mehr in einen Gott *ausfließt*«[31]. Das ist mit einer derart scharf
gezielten Spitze gesagt, daß sich die provokative Anfrage an die
Theologie fast von selbst ergibt. War sie sich der Konsequenzen des in
strenger Übermacht gedachten Gottes hinlänglich bewußt, der ihr
Denken vom Hochmittelalter her bis tief in die Neuzeit verschattete?[32]
War dieser in unendlicher Sinnfülle erstrahlende Gott nicht in der Tat
so übermächtig, daß er die Welt aller Wertgehalte beraubte und den
Glauben an sich in die Bahnen der Weltverneinung zwang? Und mußte
er sich nicht insbesondere wie ein Alptraum auf das Herz des
Menschen legen, so daß sich dieser mit dem Gottesmörder, dem
»häßlichsten Menschen« aus dem Maskenzug des Zarathustra-Schlusses zu der Alternative gedrängt sah:

Er sah immer *mich:* an einem solchen Zeugen wollte ich Rache
haben – oder selber nicht leben.
Der Gott, der alles sah, *auch den Menschen:* dieser Gott mußte
sterben! Der Mensch *erträgt* es nicht, daß solch ein Zeuge lebt[33].

An die Theologie gerichtet, ist das die Frage, ob sie sich wirklich auf
der Höhe des von Jesus erreichten und vermittelten Gottesbewußtseins
zu halten vermochte. Um dieser Frage ihr volles Profil zu geben, muß
die bereits mitgeteilte Bemerkung aus der »Fröhlichen Wissenschaft«

nun gegen Nietzsche und sein unzulängliches Verständnis Jesu gewendet werden. Unter dem Stichwort »Zu jüdisch« hatte er dort erklärt:

> Wenn Gott ein Gegenstand der Liebe werden wollte, so hätte er sich zuerst des Richtens und der Gerechtigkeit begeben müssen: – ein Richter, und selbst ein gnädiger Richter, ist kein Gegenstand der Liebe. Der Stifter des Christentums empfand hierin nicht fein genug, – als Jude[34].

Mit verblüffender »Treffsicherheit« macht Nietzsche damit Jesus gerade das zum Vorwurf, was seine spezifische Lebensleistung war. Denn Jesus führte dadurch die größte Revolution der Religionsgeschichte herbei, daß er den Schatten des Grauens aus dem Antlitz Gottes tilgte und den gefürchteten Richter mit dem Zärtlichkeitsnamen »Abba« anzureden wagte[35]. Blieb es dabei aber auch für die christliche Gottesverkündigung und ihre theoretische Unterbauung, die Theologie? So muß zumindest im Blick auf die Behauptung Nietzsches im »Antichrist« gefragt werden, daß Jesus die Kluft zwischen Gott und Mensch geleugnet und mit dem Wort »Vater«, wie es doch auf der Hand, wenn freilich auch »nicht auf jeder Hand« liege, das »Ewigkeits-, das Vollendungs-Gefühl« gemeint habe[36]. Und diese Frage stellt sich um so dringlicher, als Nietzsche gerade hier – und nicht zu Unrecht – den Anspruch erhebt, tiefer als andere, zu denen zweifellos auch die Mehrzahl seiner theologischen Zeitgenossen zu zählen sind, in die Intentionen Jesu eingedrungen zu sein. Nur müßte man dem noch hinzufügen, daß er damit auch das Jesusbild seiner früheren Schriften überholte.

Aufs engste berührt sich damit die dritte Provokation. Sie geht von dem Jesusbild aus, das Nietzsche mit der ebenso aggressiven wie hintergründigen Bezeichnung Jesu als »Idiot« aus seinem »vorkirchlichen« Ursprung zu erheben sucht. Gewiß, dieses Jesusbild hat unverkennbar eine Schlagseite zum Dekadenten und Morbiden hin. Insofern erinnert es tatsächlich an die herzberührende, aber lebensunfähige Titelgestalt von DOSTOJEWSKIJS Roman. Dennoch spricht Nietzsche kaum einmal so sehr aus einer kritischen Identifikation mit dem Gegner wie hier. Als hätte er bereits die Songs der »Jesus people« im Ohr, appelliert er mit seiner Charakteristik von der dogmatisch überhöhten Gestalt des »Herrn« an den »Helfer« der Evangelien, an den, wie er sich ausdrückt, »frohen Botschafter« einer konfliktfreien, weltüberhobenen Innerlichkeit. Damit plädiert er für ein Jesusbild, das weder mit der traditionellen »Christologie von oben« noch mit der bei Jesu gesellschaftskritischem Verhalten ansetzenden »Christologie von unten« zur Deckung zu bringen ist, das aber bei aller Verblasenheit unverkennbar auf die von KIERKEGAARD entworfene »Christologie von innen« zurückweist[37]. Am stärksten spricht dafür, daß Nietzsche in Jesus, wenngleich in einem zutiefst kritischen Kontext, das »leibhafte Evangelium der Liebe« erblickt. Wie er einerseits auf Kierkegaard zurückweist, berührt er sich darin auf der andern Seite mit MACHOVEC, der in seinem Jesusbuch für Atheisten (von 1972) auf die Frage nach der »weltbewegenden Wirkung« Jesu antwortet:

> Die »Lehre« Jesu ... setzte die Welt in Brand nicht wegen irgendeiner offenkundigen Überlegenheit des theoretischen Programms, sondern vor allem, weil er selbst identisch mit diesem Programm war ...[38].

Kaum ein Beitrag zum heutigen »Disput um Jesus« (KERN) läßt so sehr aufhorchen wie dieser[39]. Denn er läßt nicht nur auf eine staunenswerte Einfühlung schließen, sondern weist auch mit einer geradezu divinatorischen Hellsichtigkeit in die Richtung, die aus dem Widerstreit der konkurrierenden Christologien herauszuführen vermag. Wie sich aus dem Spannungsfeld, das aus der paulinischen Christologie und dem lebensgeschichtlichen Jesusbild der Evangelien gebildet wird, die Gestalt des johanneischen Christus erhebt, so weist diese Richtung letztlich auf den, der den Nöten der Menschheit dadurch begegnet, daß er sich ihr selbst als Hilfe anbietet. Das sagen die johanneischen Hoheitsworte, in denen er sich »das Brot des Lebens« (6,48), »das Licht der Welt« (8,12), den »Weg, die Wahrheit und das Leben« (14,6) nennt. Das bestätigt KIERKEGAARD mit seiner Gleichsetzung von Helfer und Hilfe. Und daran rührt – im Widerspruch – das Nietzsche-Wort vom »leibhaften Evangelium der Liebe«. Im Fall Nietzsches wird die Betroffenheit durch den, der auf die Not der Welt mit Akten der Selbstübereignung antwortete, sogar durch ein kaum verhülltes Selbstzeugnis bestätigt. Mit der Schlußstrophe seines Zarathustra-Gedichts »Von der Armut des Reichsten« spricht er sich selbst die Mahnung zu:

> Du mußt ärmer werden,
> weiser Unweiser!

willst du geliebt sein.
Man liebt nur die Leidenden,
man gibt Liebe nur den Hungernden:
verschenke dich selber erst
O Zarathustra!

Mit dieser Aufforderung: »verschenke dich selber erst!« kommt
Nietzsche der Grundposition der »Christologie von innen« erstaunlich
nah. Denn sie erblickt die rettende Heilstat Jesu darin, daß er den
vereinsamten und mit sich überworfenen, geängsteten und leergebrann-
ten Menschen das gab, was vor und außer ihm kein anderer zu geben
vermochte: sich selbst! Nur die Sensibilität eines von der Identitätsnot
erschütterten Herzens konnte Nietzsche zu dieser Annäherung führen.
Er griff damit auf die Problematik einer Zeit voraus, die Jesus vor
allem deswegen wiederentdeckte, weil sie ihn als Identifikationsfigur
begriff. Und das ist nicht von ungefähr dieselbe Zeit, in der Nietzsche
seinerseits für viele zur Leitfigur wurde, weil sie ihr Lebensproblem in
ihm vorweggenommen sahen. Für die Theologie aber stellt sich von
daher mit größtem Nachdruck die Frage, ob sie ihre christologische
Aussage schon hinreichend auf diese Problematik abstimmte, ob sie
also mit ihrem Jesusbild auch wirklich auf die Identitätsnot des
heutigen Menschen eingeht.

Zielbild Gotteskindschaft

Zuletzt laufen diese drei Provokationen auf eine vierte hinaus, die dem
theologischen Menschenbild gilt. Das geht vor allem die in der
»anthropologischen Wende« begriffene Theologie an. Was im Grunde
schon in dem bewegenden Tonsymbol des »Et incarnatus est« von
BEETHOVENS »Missa solemnis« gesagt war, lernte sie spätestens seit
BULTMANN und GUARDINI begreifen: daß in jedem Satz über Gott der
Mensch mitgesagt ist. Für sie ist Gott, mit dem SCHOONENBERG-Titel
gesprochen, wirklich der »Gott der Menschen« geworden[40]. Es ist aber
sehr die Frage, ob sie auch schon hinreichend dem Hintersinn dieser
Formel gerecht wurde. Denn offensichtlich begriff sie noch viel
zuwenig, daß der in und mit Gott ausgesagte Mensch, weil diese
»Aussage« von Gott her ergeht, zugleich über sich und seinen
Seinsstand hinausgerufen ist. Darin leistet ihr Nietzsche entscheidende

Interpretationshilfe. Für ihn ist der Mensch »das noch nicht festgestellte Tier«, ein uneingelöstes Versprechen, noch nicht das, was er sein kann, so unbestimmt und verführerisch das von ihm mit der Formel »Übermensch« angegebene Werdeziel auch bleibt[41].

In dieser Unbestimmtheit liegt ebenso das Verhängnis wie der provokative Wert von Nietzsches dynamischem Menschenbild. Gerade dadurch müßte sich die Theologie an den von ihr gehüteten, aber nicht gehobenen Schatz erinnert fühlen, der ihr mit dem Zielbild »Gotteskindschaft« anvertraut ist. Welchen Grad die Übereinkunft in der Distanz gerade hier erreicht, zeigt der Gleichklang einer Nachlaßnotiz Nietzsches mit der Sinnbestimmung, die NIKOLAUS VON KUES dem Gedanken der Gotteskindschaft in der ihm gewidmeten Schrift (De filiatione Dei) gegeben hat. Für Nietzsche gilt: Kein anderes, sondern dieses Leben – und dieses auf ewig (non alia sed haec vita sempiterna!)[42]. Mit einer fast gleichlautenden Wendung versichert der Kusaner, er glaube nicht, daß der zur Gotteskindschaft Gelangte etwas anderes (aliquid aliud) werde, als was er jetzt sei; wohl aber werde er es auf andere Weise (modo alio) sein, so wie sich auch ein Kind erst mit Erreichung der Mündigkeit vom Hausgesinde zu unterscheiden beginne[43].

Stärker noch als diese formale Annäherung fällt aber das programmatische Zarathustra-Kapitel »Von den drei Verwandlungen« ins Gewicht, das den Aufstieg des Willens aus der Dienstbarkeit der Heteronomie zur Selbstbestimmung der Autonomie und, in einer letzten Transformation, zur Höhe des freien Selbstbesitzes, veranschaulicht in der Verwandlung des Kamels in den Löwen und des Löwen in das Kind, beschreibt[44]. Denn mit dem Zielbild des »Weltenkindes« (LÖWITH), in dem die Ableitung gipfelt, wird unwillkürlich die Erinnerung an das paulinische Bild der Gotteskindschaft wachgerufen, die der Römerbrief als eine »Selbstfindung im Geist« deutet: »Der Geist selbst bezeugt unserem Geist, daß wir Kinder Gottes sind. Sind wir aber Kinder, dann auch Erben: Erben Gottes und Miterben Christi« (8,16f). In diametralem Gegensatz dazu stellt Zarathustra die Frage: »Aber sagt, meine Brüder, was vermag noch das Kind, das auch der Löwe nicht vermochte? Was muß der raubende Löwe auch noch zum Kinde werden?« Und er antwortet darauf fast gleichsinnig mit dem Römerbrief:

Unschuld ist das Kind und Vergessen, ein Neubeginnen, ein Spiel, ein aus sich rollendes Rad, eine Erstbewegung, ein heiliges Ja-sagen.

Ja, zum Spiele des Schaffens, meine Brüder, bedarf es eines heiligen Ja-sagens: *Seinen* Willen will nun der Geist, *seine* Welt gewinnt sich der Weltverlorene[45].

In dieser – wiederum distanzierten – Übereinkunft verbirgt sich die vermutlich dringlichste Provokation, die von Nietzsche ausgeht. Aber mußte sich die Christenheit wirklich erst durch sein »Gegen-Evangelium« daran erinnern lassen, daß ihr so lange das Leitkonzept ihrer Lehre und Pädagogik fehlt, als sie sich nicht auf das Zielbild der Gotteskindschaft zurückbesinnt? Und wenn schon: hätte sie auf diese Herausforderung, die doch an ihr Innerstes rührt, nicht schon viel früher und stärker reagieren müssen? Oder beweist gerade der »Fall Nietzsche«, daß sie mehr noch als bisher lernen muß, auch auf das Zeugnis der Gegner, das nicht selten ins Zentrum der Sache trifft, zu hören?

So verkehrt sich die Frage nach den Provokationen Nietzsches zuletzt in die an die Adresse der christlichen Theologie gerichtete Anfrage nach ihrer Bereitschaft, die helfenden Impulse nicht nur von oben, aus der Höhe der göttlichen Inspiration, und nicht nur von unten, aus dem Glaubensgeist der Basis, sondern auch von außen, vom »Widerspruch der Sünder« (Hebr 12,3), zu erwarten. Zweifellos kommt es dieser Bereitschaft zugute, wenn sie sich vor Augen führt, daß gerade die Kritik Nietzsches, bei aller Aggressivität, aufgrund seiner Selbstidentifikation mit dem Gegner gleichzeitig von außen und innen kommt. Nietzsche will zerstören, daran lassen Sinn und Ton seiner Aussagen nicht den geringsten Zweifel. Und doch verraten die Strategien, die er zum Ziel seines Vorhabens entwickelt, eine »Mitwisserschaft« um die Sache, die in Einzelzügen sogar die theologische Sachkenntnis in den Schatten stellt. So könnte man auf seine Rolle als Christentumskritiker das bekannte Augustinus-Wort anwenden, daß viele, die draußen stehen, in Wirklichkeit drinnen sind, während andere, die sich dazugehörig fühlen, es oft genug nur zu einem »äußerlichen« Verhältnis bringen. Wenn es sich mit ihm aber so verhält, wie muß seine kritische Rolle dann letztlich gesehen werden? Muß man sich dann, wie es in der bisherigen Deutungsgeschichte geschah, entweder für den »Antichrist« oder für den »Gottsucher«

entscheiden, der im Widerspruch glaubt und unter Flüchen betet? Oder bietet Nietzsche am Ende selbst eine Handhabe, Provokation und Widerspruch auf einen Nenner zu bringen?

ANMERKUNGEN

[1] Nachlaß (Die Unschuld des Werdens) II, § 994. Verbal genommen macht Nietzsche diese Konzession sogar dem Christentum, dem er im »Antichrist« zugesteht, daß es in seiner ursprünglichen Form »zu allen Zeiten möglich« sei (§ 39). Doch steht dieses Zugeständnis, wie JASPERS bemerkte, unter einem insgesamt negativen Vorzeichen, da es sich grundsätzlich auf die Bedingungen der Dekadenz bezieht: Nietzsche und das Christentum, 33 ff.

[2] Die fröhliche Wissenschaft V, § 358.

[3] Zarathustra II. Von großen Ereignissen.

[4] Nach WALTER LOWRIE, Das Leben Sören Kierkegaards, Düsseldorf-Köln 1955, 207.

[5] Dazu nochmals die Stellenangabe im Kapitel II, Anm. 31.

[6] Die fröhliche Wissenschaft III, § 152.

[7] Die fröhliche Wissenschaft V, § 343.

[8] Die aus Gastvorlesungen an verschiedenen amerikanischen Universitäten hervorgegangene Schrift dieses Titels erschien vor knapp dreißig Jahren (Zürich 1953).

[9] BUBER, Gottesfinsternis, 31.

[10] A.a.O., 27.

[11] JEAN PAUL, Rede des toten Christus vom Weltgebäude herab, daß kein Gott sei.

[12] Der Antichrist, § 34.

[13] Der Antichrist, § 33.

[14] Der Antichrist, § 37.

[15] Wie Anm. 12.

[16] Stellenangabe im Kapitel IV, Anm. 27.

[17] In Wendungen, die allenfalls in KIERKEGAARDS Gleichsetzung von Helfer und Hilfe ein Gegenstück haben, nennt ORIGENES Jesus das »Selbst-Wort« (autologos), die »Selbst-Weisheit« (autosophia) und das »Selbst-Reich« (autobasileia).

[18] Ecce homo. Warum ich ein Schicksal bin, § 1.

[19] Der Antichrist, § 61.

[20] Dazu nochmals die Stellenangabe Kapitel III, Anm. 5.

[21] KSA XIII, 162.

[22] Der Antichrist, § 39.

[23] Dazu meine Beiträge »Das Ja im Nein« und »Die Nichtgeladenen«, mit denen nach der Möglichkeit einer »alternativen Glaubensbegründung« gefragt ist.

[24] Dazu der vorzügliche Durchblick von GERHOLD BECKER, Theologie in der Gegenwart. Tendenzen und Perspektiven, Regensburg 1978, 108–112.

[25] Dazu mein Beitrag »Der Raum der aufgehobenen Entfremdung. Zur Frage nach dem aktuellen Sinn der Kirche«, in: Ortskirche – Weltkirche, Würzburg 1973, 304–324.

[26] Näheres dazu in meiner Schrift »Theologie im Stadium ihrer Selbstkorrektur«, Regensburg 1981.

[27] KSA XII, 541; 564.

28 KSA XII, 179.

28a KSA XIII, 143.

29 Nachlaß (Die Unschuld des Werdens) II, § 922.

30 Die fröhliche Wissenschaft III, § 285. Auf eine Vorstudie dazu hatte ich in meinem Beitrag »Nietzsches Kritik des christlichen Gottesbegriffs und ihre theologischen Konsequenzen« (63f) aufmerksam gemacht; sie ist jetzt abgedruckt im Kommentarband der Kritischen Studienausgabe XIV, 263f.

31 Wie an anderer Stelle, vor allem in den zu Beginn des III. Kapitels (S. 52f) zitierten Texten, berührt sich Nietzsche auch hier so eng mit der Religionskritik LUDWIG FEUERBACHS, daß auf eine bewußte Bezugnahme geschlossen werden kann. Die Anregung zum Titel des Aphorismus »Excelsior!« erhielt Nietzsche durch MATHILDE TRAMPEDACH, die ihn auf das gleichnamige Gedicht LONGFELLOWS aufmerksam machte und dafür mit einem Heiratsantrag beehrt wurde. Dazu auch der Karfreitagsbrief an ERWIN ROHDE, in dem Nietzsche den Freund fragt, ob ihm »Longfellows Gedicht ›Excelsior!‹« bekannt sei (vom 14. April 1876).

32 Darauf machten vor allem GERHARD KRÜGER (Die Herkunft des philosophischen Selbstbewußtseins) und WOLFHART PANNENBERG (Die Gottesidee des hohen Mittelalters) aufmerksam; Näheres dazu in meiner Abhandlung »Theologie und Atheismus«, München 1972, 29–42.

33 Zarathustra IV. Der häßlichste Mensch.

34 Stellenangabe S. 84, Anm. 26.

35 Dazu PIET SCHOONENBERG, Ein Gott der Menschen, Zürich 1969, 104–108. Einer ähnlichen Fehldeutung verfällt Nietzsche, wenn er dem »Stifter des Christentums« kurz zuvor den »Irrtum« anlastet, die Menschen litten an nichts so sehr wie an ihren Sünden, auch wenn er ihn für den verzeihlichen Irrtum dessen hält, »dem es hierin an Erfahrung gebrach« (§138).

36 Der Antichrist, § 34.

37 Näheres dazu in meinem Beitrag »Der Helfer und die Hilfe. Plädoyer für eine Christologie von innen«, in: Wer ist Jesus Christus? hrsg. von JOSEPH SAUER, Freiburg/Br. 1977, 165–200.

38 M. MACHOVEC, Jesus für Atheisten, Stuttgart 1972, 93.

39 W. KERN, Disput um Jesus und um Kirche, Innsbruck 1980, 16ff; 73–87.

40 Dazu nochmals das in Anm. 35 Gesagte.

41 Jenseits von Gut und Böse III, § 62, ebenso Nachlaß (Die Unschuld des Werdens) II, § 295; dazu mein Beitrag »Ist der Mensch, was er sein kann?« in: Stimmen der Zeit 199 (1981) 291–300.

42 KSA IX, 652.

43 CUSANUS, De filiatione Dei II, in: Philosophisch-Theologische Schriften II, Wien 1966, 614.

44 Dazu KARL LÖWITH, Nietzsches Philosophie der ewigen Wiederkehr des Gleichen, Stuttgart 1956, 31–60.

45 Zarathustra I, Von den drei Verwandlungen.

SECHSTES KAPITEL

SELBSTANZEIGE

oder:

»VIELLEICHT BIN ICH EIN HANSWURST!«

Der Kritiker, der sich schon im Kampf mit seinem Gegner identifizierte, vermochte dies nur, weil er ständig, sogar im Kampf, auf der Suche nach sich selber war. Diese Suche führte ihn zu extrem entgegengesetzten Zielen, die aber beide unmittelbar mit seiner Christentumskritik zu tun haben. In ihrer Gegensinnigkeit veranlaßte sie ihn zu ganz konträren Selbsteinschätzungen. Von ihnen muß zunächst die Rede sein.

Gegensätzliche Identifikationen

Das erste dieser Identifikationsziele hieß: der Antichrist. Im Postskriptum eines Briefs an LOU SALOME (von 1882) hatte Nietzsche gefragt: »Sie glauben nicht, daß ›der Freigeist‹ mein Ideal ist!«, und er hatte in andeutungsvoller Verrätselung darauf mit einem unvollendeten »Ich bin . . .« geantwortet. Ein Jahr später läßt er in einem Brief an PETER GAST (vom 26. August 1883) die Maske fallen: »Aut Christus, aut Zarathustra! Oder auf deutsch: es handelt sich um den alten längst verheißenen Antichrist«. Kurz zuvor hatte er bereits seine Gönnerin MALWIDA VON MEYSENBUG ins Vertrauen gezogen, als er sie in einem Brief (von Ende März 1883) fragte:

> Wollen Sie einen neuen Namen für mich? Die Kirchensprache hat einen: ich bin – der Antichrist.

Im Lauf der beiden letzten Schaffensjahre wiederholt sich dasselbe Spiel. In kaum verhohlener Anspielung auf sich selbst stellt er in dem der Neuausgabe der »Geburt der Tragödie« vorangestellten »Versuch einer Selbstkritik« (von 1886) die Frage: »wer wüßte den rechten Namen des Antichrist?« Aus diesem sprachlichen Versteck tritt er dann bei der Niederschrift des enthemmtesten seiner Werke, seines »Ecce homo«, endgültig hervor. »Ich bin«, versichert er hier, »auf griechisch und nicht nur auf griechisch, der Antichrist . . .«[1] Ungleich schwerer zu fassen ist das zweite Identifikationsziel, das Nietzsche auf der Gegenbahn zum ersten verfolgt. Er erreicht es mit dem unausgesprochenen, allenfalls in der Unterzeichnung der Wahnsinnsbotschaften mit »Der Gekreuzigte« aufscheinenden Anspruch, im Grunde der einzig wahre Christ zu sein. Zwar behauptet er kurz vor seinem Zusammenbruch, religiöse Schwierigkeiten aus eigener Erfahrung nicht zu kennen; doch sagt er von sich im gleichen Zusammenhang:

> Es fehlt in meiner Erinnerung, daß ich mich je bemüht hätte – es ist kein Zug von *Ringen* in meinem Leben nachweisbar, ich bin der Gegensatz einer heroischen Natur. Etwas »wollen«, nach etwas »streben«, einen »Zweck«, einen »Wunsch« im Auge haben – das kenne ich alles nicht aus Erfahrung. Noch in diesem Augenblick sehe ich auf meine Zukunft – eine *weite* Zukunft! – wie auf ein glattes Meer hinaus: kein Verlangen kräuselt sich auf ihm. Ich will nicht im geringsten, daß etwas anders wird als es ist; ich selber will nicht anders werden... Aber so habe ich immer gelebt. Ich habe keinen Wunsch gehabt[2].

Das aber ist es gerade, was er, wie JASPERS staunend bemerkt, in fast gleichlautenden Worten auch von Jesus und seiner Lebenspraxis hervorhebt:

> Wenn irgendetwas unevangelisch ist, so ist es der Begriff Held. Gerade der Gegensatz zu allem Ringen ist hier Instinkt geworden: die Unfähigkeit zum Widerstand wird hier Moral . . .[3]

Nimmt man mit Jaspers hinzu, daß Nietzsche Jesus sogar »für seine eigene Position ›jenseits von gut und böse‹, für seinen Amoralismus im Kampf gegen die Moral« in Anspruch nimmt, so wird in seinem wachsenden Aufbegehren gegen das Christentum eine zunehmende Übereinkunft bemerkbar. Nicht nur, daß er in Anlehnung an das (von LESSING akzentuierte) Pauluswort vom »Beweis des Geistes und der Kraft« (1 Kor 2,4) von dem »eigentlichen *Beweis* von Kraft« spricht, den Zarathustra durch seine unnachsichtige Treue zur eigenen Aufgabe erbracht habe; er steigert sich in dem Ecce-homo-Kapitel »Warum ich ein Schicksal bin« geradezu in die Rolle Jesu hinein, wenn er von der positiven Frucht seiner Verneinungen sagt:

Ich bin ein *froher Botschafter,* wie es keinen gab, ich kenne Aufgaben von einer Höhe, daß der Begriff dafür bisher gefehlt hat; erst von mir an gibt es wieder Hoffnungen[4].

Das ist der unzweideutige Fall einer »jesuanischen« Selbststilisierung, die zudem unwillkürlich in das Vokabular der neutestamentlichen Aussagen verfällt. Ein deutlicheres Indiz für die im Gegenzug zur vordergründigen Kritik verlaufende Identifikation ist kaum denkbar. So wirkt Nietzsche in seinem Verhältnis zum Christentum zutiefst gespalten: noch in der Aggression ihm vielfach verhaftet; also das Gegenteil dessen, der – wie er sonst formuliert – die kritisierte Sache unter, hinter und außer sich hat.

Schon jetzt kann eine erste, wenn freilich negative Summe aus diesen Beobachtungen gezogen werden. Und die lautet: Keinesfalls kann Nietzsche auf eine der beiden gängigen Alternativen festgelegt werden. Er ist weder der Antichrist, zu dem er sich selbst stilisierte und den SOLOWJEW in ihm zu sehen glaubte, genausowenig aber der heimliche Gottsucher oder gar der Lehrer einer radikalen Nachfolge Christi, für den ihn ERNST BENZ erklärte[5]. Trotz seines »Antichrist« ist er nicht die Vorausschattung des endzeitlichen Widersachers Gottes, weil er in seiner Polemik viel zu sehr der angegriffenen Sache verhaftet bleibt. Denn wenn seine Befürchtung, wir würden »Gott nicht los, solange wir noch an die Grammatik glauben«, auf einen zutrifft, dann gewiß auf ihn selbst[6]. Ebensowenig kann Nietzsche aber auch auf die Gegenposition festgelegt werden. Dafür steht seine Annäherung viel zu deutlich unter dem Vorzeichen – und Vorbehalt – einer grundsätzlichen Absage. Um ihm gerecht zu werden, wird man den affirmativen Unterton in seiner Verneinung nicht überhören, genausowenig aber vergessen dürfen, daß er immer nur als ein Widersprechender bejaht. Das gibt seiner Kritik die Ausnahmestellung, die ihn nicht nur aufs nachdrücklichste von der kritischen Szene vor und nach ihm abhebt, sondern gleichzeitig auch dazu nötigt, nach dem provokativen Hintersinn seiner Angriffe zu fragen. Nichts wäre verkehrter als der Versuch, daraus Folgerungen abschwächender Art herzuleiten. Und schon gar nicht kann man sich bei der bloßen Verzeichnung dieses Befunds beruhigen.

Daß das nicht angeht, hat mit dem auffälligen Verstummen des Unglaubens während der letzten Jahrzehnte zu tun. Während Atheisten und Marxisten dazu übergingen, sich an dem »Disput um Jesus« zu beteiligen, verloren die Bekundungen des Unglaubens deutlich an Energie und Lautstärke. Das etwas hochgegriffene Wort vom »schweigenden Unglauben« trifft noch immer den Kern der Sache. Nun könnte es aber sehr wohl sein, daß sich der stumme, zumindest aber leise gewordene Unglaube der Gegenwart des neu erwachten und immer stärker umsichgreifenden Interesse an Nietzsche bemächtigt, um durch ihn zu einer neuen Sprache zu finden. So könnte es dem, der in der »Morgenröte« die Ungläubigen seiner Zeit zu einem Zeichen gegenseitiger Verständigung aufgefordert hatte, widerfahren, daß er heute selbst als ein derartiges Zeichen in Anspruch genommen und ausgespielt wird. Damit wäre dann allerdings jeder Verharmlosung die Spitze abgebrochen. Denn es würde deutlich, daß die Doppelbödigkeit von Nietzsches Unglauben gefährlicher ist als jede thetische Form, und würde sie sich noch so lautstark und aggressiv bekunden. So hilfreich das »Ja« sein kann, das in seinen Verneinungen durchklingt, so gefährlich kann das »Nein« wirken, das seine Bejahungen unterhöhlt.

Der menschenmögliche Atheismus

Die Doppelwertigkeit von Nietzsches Christentumskritik fiel schon den Zeitgenossen auf und gab ihnen zu einer betont zurückhaltenden Beurteilung seines Atheismus Anlaß. Schon in Nietzsches Todesjahr (1900) geht dabei THEOBALD ZIEGLER so weit, eine mögliche Rückkehr des Angreifers zu Jesus in Betracht zu ziehen. Nachdem er die Möglichkeit einer Hinkehr zu Kant verneinte, erklärt er:

> Nein, bleiben wir beim Antichrist. Da kann ich mich des Verdachtes nicht erwehren, daß Nietzsche mit solcher Leidenschaft das Christentum doch nur deswegen haßt und verflucht, weil er sich gegen einen inneren Feind wehren muß und selbst schon auf dem Weg zu dem großen Symbolisten war ... Eine Umkippung Nietzsches ins Christliche war im Anzug, sie wird durch den Antichrist angekündigt. Cesare Borgia als Papst – auch hier![7]

Ähnlich, wenn auch zurückhaltender, äußert sich wenige Jahre später FRANZ OVERBECK, der engste theologische Berater Nietzsches, der den Sinn seiner eigenen Arbeit darin erblickte, am Christentum »ein jüngstes Gericht zu vollziehen«[8]. Er unterscheidet, um Nietzsches doppelbödige Kritik besser in den Griff zu bekommen, einen »menschenmöglichen« Atheismus von einem »übermenschlichen«, der tatsächlich über das Dasein Gottes zu befinden wagt[9]. Und er betont, daß Nietzsche als Vertreter und Sprecher der »menschenmöglichen« Form mit seinem Wort vom Tod Gottes lediglich das Absterben des Gottesglaubens im Bewußtsein der Zeit angesprochen habe. Überhaupt sei für Nietzsche die Gottesleugnung nicht Selbstzweck, sondern ein extremes Mittel der Welterkundung, bei der er freilich wie alle seine Vorläufer gescheitert sei:

> Gescheitert ist er freilich, aber doch nur so, daß er gegen die unternommene Fahrt als Argument so gut und so schlecht dienen kann, wie die Schiffbrüchigen gegen das Beschiffen des Meeres[10].

Im weiteren Zusammenhang der Stelle zitiert er dann nicht nur Nietzsches Ansicht, »daß man heute, ja heute erst recht wieder wahrer Christ (nämlich Christ nach Jesu Sinn) werden« könne, sondern auch die Nachlaß-Aufzeichnung, die seinem unausdrücklichen Anspruch, der einzig wahre Christ zu sein, am nächsten kommt: »im Grunde erfüllen wir Gelehrten heute am besten die Lehre Christi«[11]. Er hätte dem als drittes – und gewichtigstes – Zeugnis den ungeheuerlichen Einfall Nietzsches hinzufügen können, das Dokument seiner letzten Selbstüberhöhung mit dem »allerchristlichsten Titel«, wie THOMAS MANN bemerkt, »Ecce homo« zu überschreiben[12]. Denn abgesehen von dem merkwürdigen Zufall, daß dieser Titel ausgerechnet der Passionsgeschichte entnommen ist, läßt er auf eine bisher zu wenig bedachte Weise die Frage nach der Identität des Dargestellten offen. Während er mit der Sprachgebärde des »Ecce« so lautstark wie nur möglich auf das von ihm geschaffene Denkmal hinweist, geht er als Verfasser dazu gleichzeitig auf Distanz, so daß er der Verwechslung, der er mit seiner Schrift zu wehren suchte, nun erst recht Vorschub leistete[13].
So aber stellt sich nur um so nachdrücklicher die Aufgabe, die auseinanderklaffenden Alternativen auf einen Nenner zu bringen, um die insgeheim bejahende Verneinung doch noch aus einer einheitlichen

Grundposition begreiflich zu machen. Denn nirgendwo war Nietzsche konsequenter als in seiner Kritik des Christentums, niemals trieb er seine Gegnerschaft so sehr bis zur Berührung im Extrem, nie gebrauchte er aber auch seinen Hammer so bewußt als »Stimmgabel« wie gerade hier. Im weiten Feld seiner Auseinandersetzungen gibt es keine Stelle, an der er sich so vorbehaltlos selbst ins Spiel bringt wie in diesem Kampf, der sich zuletzt zu einem förmlichen »Todkrieg«, wie der sich überschlagende Ausdruck lautet, gegen das Christentum steigert[14]. Das aber heißt dann auch, daß die Lösung des Problems nicht von außen an ihn herangetragen, sondern nur seinem Selbstzeugnis entnommen werden kann. Doch worin besteht sie?

Die Narrenrolle

Die Beantwortung dieser Frage kann nur der Versuch erbringen, unter den verschiedenartigen Masken, die gerade der letzte Nietzsche trägt, diejenige ausfindig zu machen, die ihn in der Maskierung zugleich enthüllt, die also seinem wirklichen Selbstverständnis entspricht. Tatsächlich hat es den Anschein, als habe Nietzsche in den beiden wichtigsten »Werken des Zusammenbruchs« (PODACH), im »Antichrist« und in »Ecce homo«, noch einmal den ganzen Maskenzug des Zarathustra-Schlusses durchlaufen, bevor er in der Wahnsinns-Epistel an JACOB BURCKHARDT gesteht: »Was unangenehm ist und meiner Bescheidenheit zusetzt, ist, daß im Grunde jeder Name in der Geschichte ich bin«[15].

Es sind vor allem vier Rollen aus der den »Zarathustra« beschließenden Maskerade, die Nietzsche nun nochmals durchspielt – und wieder fallen läßt[16]. An erster Stelle der »Schatten«, der Zarathustra mit dem Geständnis verfolgt: »Mit dir zerbrach ich, was je mein Herz verehrte, alle Grenzsteine und Bilder warf ich um, den gefährlichsten Wünschen lief ich nach«; an zweiter Stelle der »häßlichste Mensch«, den Zarathustra als den »Mörder Gottes« enträtselt; sodann der Papst »außer Dienst«, durch den sich Nietzsche das Eingeständnis seiner verhohlenen Frömmigkeit zuspricht: »Oh Zarathustra, du bist frömmer, als du glaubst, mit einem solchen Unglauben! Irgendein Gott in dir bekehrte dich zu deiner Gottlosigkeit«; und schließlich die Wagner-Karikatur in Gestalt des »Zauberers«, sofern auch er an seiner eigenen Legende webt und dieses Truggewebe alsbald wieder zerreißt. Was im

Wort des Zauberers, daß wenigstens sein Zerbrechen echt sei, bloße
Andeutung bleibt, wird im »Lied der Schwermut« zum ausdrücklichen
Thema: Nietzsche wirft die zuvor getragenen Masken endgültig ab, um
sich als das zu zeigen, was er dann »nur noch« ist:

> Nur Narr! Nur Dichter!
> Nur Buntes redend,
> Aus Narren-Larven bunt herausschreiend,
> Herumsteigend auf lügnerischen Wort-Brücken,
> Auf bunten Regenbogen,
> Zwischen falschen Himmeln
> Und falschen Erden,
> Herumschweifend, herumschwebend, –
> *Nur* Narr! *Nur* Dichter! [17]

Daran knüpft er in der abschließenden Selbstpräsentation seines
»Ecce homo« unmittelbar an. Dieser Eindruck verstärkt sich noch,
wenn man die briefliche Äußerung hinzunimmt, in der er den
Zarathustra-Schluß als »eine ›Gotteslästerung‹, gedichtet mit der Lau-
ne eines Hanswursts« bezeichnet[18]. Denn auf die Frage »Warum ich ein
Schicksal bin«, antwortet Nietzsche hier zunächst mit der auftrumpfenden Behauptung: »Ich bin kein Mensch, ich bin Dynamit«, um
davon unverzüglich zur Gegenthese überzugehen:

> Ich habe eine erschreckliche Angst davor, daß man mich eines
> Tags *heilig* spricht: man wird erraten, weshalb ich dies Buch
> *vorher* herausgebe, es soll verhüten, daß man Unfug mit mir
> treibt... Ich will kein Heiliger sein, lieber noch ein Hans-
> wurst...[19]

Die zunächst eher beiläufig wirkende Selbstcharakteristik gewinnt
erheblich an Gewicht, wenn man sie in ihrem werk- und geistesge-
schichtlichen Zusammenhang erfaßt. Die Linie führt zunächst auf den
Aufschrei im »Lied der Schwermut« zurück: »Nur Narr! Nur Dichter!« (Zarathustra IV), von da dann aber auch zu den mit diesem Wort
abgeworfenen Masken, von denen die des »häßlichsten Menschen«
unmittelbar auf die Titelfigur der Parabel vom »tollen Menschen«
(Fröhliche Wissenschaft III, § 125) verweist. Wie sehr aber diese schon
als eine bildhafte Selbstanzeige Nietzsches gemeint war, zeigt das fast

wörtliche Zitat aus der Rede des »tollen Menschen« in »Ecce homo«. Am Schluß seines großen Monologs hatte der Botschafter des Gottestods erklärt: »Ich komme zu früh . . ., ich bin noch nicht an der Zeit«. Nun versichert Nietzsche in seinem letzten Selbstporträt: »Ich selber bin noch nicht an der Zeit, einige werden posthum geboren«[20].

Daß diese Selbstcharakteristik Nietzsche noch bis in seine Umnachtung hinein beschäftigte, bestätigt der erschütternde Bericht OVER-BECKS, wonach der Kranke »wunderbar hellsichtige und unsäglich schauerliche Dinge über sich als den Nachfolger des toten Gottes vernehmen ließ«, daß aber in den noch verständlichen Äußerungen die über seinen »Beruf« überwogen, »der Possenreißer der neuen Ewigkeiten« zu sein[21]. Doch hatte Nietzsche das schon auf der Schaffenshöhe mit dem Ausruf des letzten Papstes vorweggenommen: »Lieber keinen Gott, lieber auf eigene Faust Schicksal machen, lieber Narr sein, lieber selber Gott sein!«[21a] Daß dabei womöglich auch ein unterschwelliger Hang zur Selbstbestrafung zum Ausbruch kommt, lassen briefliche Äußerungen aus der Zeit vor der Umnachtung vermuten. Nachdem MALWIDA VON MEYSENBUG in einem Antwortschreiben (von Mitte Oktober 1888) den von Nietzsche auf WAGNER und LISZT gemünzten Ausdruck »Hanswurst« für »ganz abscheulich« erklärt hatte, heißt es in einem von Ende November datierten Brief an PETER GAST:

ich mache soviele dumme Possen mit mir selber und habe solche Privat-Hanswurst-Einfälle, daß ich mitunter eine halbe Stunde auf offener Straße *grinse*, ich weiß kein anderes Wort . . . Neulich fiel mir ein, Malwida an einer entscheidenden Stelle von »Ecce homo« als *Kundry* vorzuführen, welche lacht . . . Ich denke, mit einem solchen Zustand ist man reif zum »Welt-Erlöser«?[22]

Wichtiger noch als dieser Nachhall im zerfallenden Bewußtsein Nietzsches ist aber das geistesgeschichtliche Vorspiel, das den in der Rolle des »Hanswurst« auftretenden Christentumskritiker nun noch einmal mit dem anselmischen Gottesbeweis in Beziehung setzt. Bekanntlich führte ANSELM VON CANTERBURY in seinem »Proslogion« die Gegenfigur des Toren ein, um seinen Beweis überzeugend ausarbeiten zu können. Denn nur der Tor, der (nach Pss 13,1; 52,1) in seinem Herzen spricht »es ist kein Gott«, kann daran zweifeln, daß Gott erst dann als das »unüberdenklich Größte« gedacht ist, wenn er als wirklich seiend begriffen wird. Dem fügt Anselm die bekräftigende Doppelfrage hinzu:

> Warum also spricht der Tor in seinem Herzen: es ist kein Gott, da es doch dem vernunftbegabten Geist so offen zutage liegt, daß du in der höchsten Seinsfülle existierst? Warum, wenn nicht deshalb, weil er ein Tor und ein Narr ist?[23]

Das hielt den Kontrahenten Anselms, GAUNILO VON MARMOUTIER, nicht davon ab, in seiner Gegenschrift, dem »Liber pro insipiente«, für die denkerische Möglichkeit der Gottesleugnung einzutreten. Von seiner Verteidigung des Toren spannt sich insofern ein direkter Bogen zu Nietzsches »tollem Menschen«, als dieser mit seiner Frage nach dem weggewischten Horizont dafür einsteht, daß Gott überhaupt nicht nach Art einer vernünftigen Proposition gedacht werden kann. Demgemäß lautet die zentrale Frage Nietzsches, wie EBERHARD JÜNGEL nachdrücklich in Erinnerung rief:»Könntet ihr einen Gott denken?«[24] Und wie nicht anders zu vermuten, läuft die durch den Mund Zarathustras gegebene Antwort auf die radikale Verneinung dieser Frage hinaus; denn:»Gott ist ein Gedanke, der macht alles Gerade krumm, und alles, was steht, drehend«[25]. Das aber ist gleichbedeutend mit der endgültigen Rechtfertigung des Toren, der jetzt unter der Maske seiner Tollheit als der einzig Wissende in der Masse der vom Gottesgedanken »Betörten« erscheint. Doch steht auch dieses Wissen unter einem nihilistischen Vorbehalt, dessen sich Nietzsche so deutlich bewußt wird, daß er schließlich »Hybris und Gottlosigkeit« in einem Atemzug nennt. In der »Genealogie der Moral« erklärt er dazu:

> Hybris ist heute unsre ganze Stellung zur Natur, unsre Natur-Vergewaltigung mit Hilfe der Maschinen und der so unbedenklichen Techniker- und Ingenieur-Erfindsamkeit; Hybris ist unsre Stellung zu Gott, will sagen zu irgend einer angeblichen Zweck- und Sittlichkeits-Spinne hinter dem großen Fangnetz-Gewebe der Ursächlichkeit –; Hybris ist unsre Stellung zu uns, denn wir experimentieren mit uns, wie wir es uns mit keinem Tiere erlauben würden, und schlitzen uns vergnügt und neugierig die Seele bei lebendigem Leibe auf: was liegt uns noch am Heil der Seele![25a]

113

Wie könnte sich das unter solchen Bedingungen gewonnene Wissen angemessener als in der Narrenpose äußern?

Der Hofnarr des Christentums

Ein Rest von Unstimmigkeit besteht nur noch darin, daß sich die vom späten Nietzsche übernommene Narrenrolle auf sein Verhältnis zum Christentum und nicht auf seine Gotteskritik bezieht. Doch wird man sich in diesem Zusammenhang vergegenwärtigen müssen, daß er seinen Kampf gegen Gott niemals als Selbstzweck betreibt. Wie sein Atheismus nach dem Urteil OVERBECKS im Dienst der Welterkundung steht, führt er mit ihm gleichzeitig den entscheidenden Schlag gegen Christentum und Kirche. Seiner systemkritischen Strategie zufolge muß das christliche Dogmengebäude einstürzen, wenn erst einmal der Zentralbegriff aus seinem Gefüge herausgebrochen wurde. Vollends verschwindet der noch zurückgebliebene Rest von Spannung, wenn man die größere Tradition ins Auge faßt, der beide, die von Anselm geschaffene Gegenfigur des Toren und die von Nietzsche durchgespielte Hanswurstiade, angehören. Es ist die lange Reihe heiliger Narren, die, literarisch gespiegelt in WOLFRAMS »Parzival«, im »Don Quixote« des CERVANTES und noch in HAUPTMANNS »Der Narr in Christo Emanuel Quint«, den Weg des Christentums von der Väterzeit her durchzieht[26].

Eine letzte Perspektive bricht auf, wenn man sich vor Augen hält, daß sich Nietzsche ausgerechnet in dem mit dem Passionstitel »Ecce homo« überschriebenen Selbstporträt als »Hanswurst« begreift. Wie bereits angedeutet, drängt sich unter diesem Gesichtspunkt die Erinnerung an die wiederholte Verhöhnung auf, die Jesus nach der Lukas-Passion vor Herodes (23,6–16), nach den übrigen Evangelien im Palast des Statthalters (Mk 15,16–20 parr) und zuvor schon durch die Wachmannschaft (Lk 22,63ff) über sich ergehen lassen muß[27]. Wenn man es wagt, diesen Bildzusammenhang in Worte zu fassen, heißt das, daß sich Nietzsche – unter der zweifachen Verhüllung seiner Kritiker- und Narrenrolle – tatsächlich, wie THEOBALD ZIEGLER vermutete, auf der Spur des »frohen Botschafters« bewegt, und zwar dort, wo diese Spur durch Blut markiert ist. Doch hatte sich Nietzsche nicht an dieser Verhöhnung mitbeteiligt, als er Jesus mit dem Schimpfwort »Idiot« bedachte? Hatte er sich nicht bereits in früher Jugend der »Frevler

Rotte« zugesellt, als er in seinem Spottgedicht den Gekreuzigten aufforderte, vom »Marterpfahl« herabzusteigen? Und stand nicht gerade auch sein Verhältnis zu ihm im Zeichen der Hybris? War es somit nicht doch ein Akt heimlicher Selbstbestrafung, wenn er sich zuletzt als »Hanswurst« und »Possenreißer der neuen Ewigkeiten« ausgab?

Die unbequeme Wahrheit

Nietzsche – der Hofnarr des Christentums? Das wäre noch längst nicht die schlechteste Zuweisung, wenn man sich nur vergegenwärtigt, daß es die vornehmste Aufgabe des Hofnarren war, seinem Herrn die Wahrheiten zu sagen, die ihm auf keine andere Weise beizubringen waren. Und wer könnte daran zweifeln, daß Nietzsches Christentumskritik im Begriff steht, als provokative Anfrage – und schmerzliche Erinnerungshilfe – lesbar zu werden? Wenn diese Möglichkeit voll zum Zug gebracht werden soll, müssen allerdings zwei Voraussetzungen gegeben sein. Fürs erste muß eine Nietzsche-Hermeneutik dafür sorgen, daß seine Äußerungen so vernommen werden, wie sie von ihm tatsächlich gemeint sind: als Angelwürfe nach jenen Hörern, die sich nicht von ihm täuschen lassen, wenn er seinen Hammer als »Stimmgabel« gebraucht, und die demgemäß darauf gefaßt sind, gerade von seinen stillsten Worten den »Sturm« zu erwarten[28]. Andrerseits wird sich aber auch die Christenheit damit abfinden müssen, daß ihr das, was ihr nottut, nicht nur in der wohltuenden Sprache der Zustimmung, sondern auch in der bisweilen lästigen und unbequemen des Widerspruchs zugesprochen wird.

Einen ersten Schritt dazu hätte sie schon dann getan, wenn sie sich vor Augen hielte, wie oft es in ihrer Glaubensgeschichte gerade die Ketzer und Kritiker waren, die ihr zu einem vertieften Verständnis der eigenen Sache verhalfen. Dieser Geschichte ordnet sich Nietzsche als derjenige zu, der bisher am leidenschaftlichsten widersprach und sich dabei doch als der »Gegensatz eines neinsagenden Geistes« erwies. Denn soviel steht jetzt schon fest: mit seinem Widerspruch setzte Nietzsche mehr an innerchristlichen Energien und Initiativen frei, als die erschreckten Reaktionen auf ihn jemals zu träumen wagten[29]. Vor allem aber gehen von der von ihm durchgespielten »Possenreißer-Rolle« Anstöße von noch unabsehbarer Fernwirkung aus. Wie nur je ein Hofnarr der feudalen Epoche nannte er Wahrheiten beim Namen, die kein anderer in dieser Form und Schärfe jemals auszusprechen wagte. So entsprach es der Einzigartigkeit seiner Kritik, die auch in dem Sinn von der »Magie des Extrems« geadelt ist, daß sie im kritischen Zustoß ungeahnte Einsichten zutage fördert[30].

Weil Nietzsche aus dem Bewußtsein einer nie ganz aufgegebenen Zugehörigkeit angriff und sich, nun aus der Gegenperspektive gesprochen, als Kritiker in seinem Gegenstand wiederentdeckte, gewann er einen Blick für die christliche Sache, der von keiner vermittelnden Brücke verstellt war. So sah er im Aufbau – das System, in der Lehre – die Pression, in der Geschichte – die Erosion, im Resultat – das Defizit. Wie schon dieser Katalog erkennen läßt, trat er damit in eine Reihe mit LESSING und KIERKEGAARD, die der christlichen Sache durch ihren Widerspruch gleichfalls wirksamer dienten als die beflissenen Apologeten, die sie gegen ihre Kritik zu verteidigen suchten.

Es war die Entdeckerfreude des Außenseiters, die Nietzsche veranlaßte, auf seine Funde mit Worten, die Blinde sehend machten, hinzuweisen. Sie waren in erster Linie an die Adresse seiner unschlüssigen Gesinnungsgenossen gerichtet. Er hat aber auch nichts unversucht gelassen, den Christen die Augen für das zu öffnen, worin sie in seiner Sicht versagten. Das sollten sie auch dem erbitterten Gegner, der er für sie bis zuletzt blieb, zu danken wissen. Denn Provokationen sind zwar schmerzlich, aber hilfreicher und heilsamer als beschwichtigende Zustimmungen.

ANMERKUNGEN

[1] Ecce homo. Warum ich so gute Bücher schreibe, § 2.

[2] Ecce homo. Warum ich so klug bin, § 9.

[3] JASPERS, Nietzsche und das Christentum, 71.

[4] Ecce homo. Warum ich so weise bin, § 4 und: Warum ich ein Schicksal bin, § 1.

[5] Dazu JASPERS (Nietzsche und das Christentum), der das für »erstaunliche Sätze eines Theologen« hält, erstaunlich vor allem für den, der das kritische Jesusbild Nietzsches vor Augen habe (26).

[6] Götzen-Dämmerung: Die »Vernunft« in der Philosophie, § 5. Um so größer ist die Bedeutung dieses Satzes als diagnostisches Prinzip für die emanzipatorischen Tendenzen in der neueren Sprachentwicklung, etwa bei JOYCE, RIMBAUD oder HANDKE; dazu die Hinweise in meinem Nietzschebuch »Gott ist tot« (200f). WERNER EGK verdanke ich den Fingerzeig, daß auch die Konstruktion der seriellen Musik in diesem Zusammenhang gesehen werden müsse.

[7] ZIEGLER, Friedrich Nietzsche, Berlin 1900, 191f.

[8] OVERBECK, Selbstbekenntnisse (Ausgabe TAUBES), Frankfurt/M. 1966, 104f. Über Overbecks Verhältnis zu Nietzsche, der seiner Überzeugung nach im »Antichrist« »noch den ernsthaftesten Versuch einer menschlichen Charakterisierung Jesu« vorlegte, informiert die vorzügliche Arbeit ARNOLD PFEIFFERS, Franz Overbecks Kritik des Christentums, Göttingen 1975 (185).

[9] PFEIFFER, a.a.O., 59.

[10] OVERBECK, Christentum und Kultur, 136.

[11] OVERBECK, a.a.O., 226; NIETZSCHE, KSA XIII, 167.

[12] Dazu nochmals die Stellenangabe S. 85, Anm. 46.

[13] Am 14. November 1888 schreibt Nietzsche an META VON SALIS zu dem im Entstehen begriffenen »Ecce homo«: »Dieser homo bin ich nämlich selbst, eingerechnet das ecce; der Versuch, über mich ein wenig Licht und Schrecken zu verbreiten, scheint mir fast zu gut gelungen«. Motivgeschichtlich gesehen berührt sich Nietzsche darin mit der Pseudonymität, wie sie vor allem KIERKEGAARD als Mittel literarischer Selbstdarstellung und Selbstverheimlichung einsetzte.

[14] So der Untertitel des am »30. September 1888 der falschen Zeitrechnung« erlassenen Dekrets, das Nietzsche mit »Gesetz wider das Christentum« überschrieb und mit »Der Antichrist« unterzeichnete: Kritische Studienausgabe VI, 254; dazu der philologische Nachbericht im Kommentarband XIV, 448–453.

[15] Brief an BURCKHARDT (vom 6. Januar 1889).

[16] Dazu MESSER, Erläuterungen zu Nietzsches Zarathustra, 140–150; ferner HANS M. WOLFF, Friedrich Nietzsche. Der Weg zum Nichts, Bern 1956, 209–223.

[16a] Dazu CURT PAUL JANZ, Friedrich Nietzsche. Biographie I, München 1978, 138 ff; II, München 1978, 597 ff; III, München 1979, 12–16; 53 ff.

[17] Zarathustra IV: Das Lied der Schwermut, § 5.

[18] Brief an PETER GAST (vom 14. Februar 1885).

[19] Ecce homo. Warum ich ein Schicksal bin, § 1.

20 Ecce homo. Warum ich so gute Bücher schreibe, § 1.

21 E.F. PODACH, Nietzsches Zusammenbruch, Heidelberg 1930, 104.

21a Zarathustra IV. Außer Dienst.

22 Brief an PETER GAST (vom 26. November 1888).

23 Proslogion, c. 3.

24 JÜNGEL, Gott als Geheimnis der Welt. Zur Begründung der Theologie des Gekreuzigten im Streit zwischen Theismus und Atheismus, Tübingen 1977, 195–200.

25 Zarathustra II. Von den glückseligen Inseln.

26 In diesem Zusammenhang sei vermerkt, daß Nietzsche den »Don Quixote« für »eins der schädlichsten Bücher« hielt (Kritische Studienausgabe XIII, 130) und daß er im Sommer 1882 ein »Narren-Buch mit Liedern und Sinnsprüchen« plante (a.a.o., IX, 680); für diesen Themenkomplex HANS URS VON BALTHASAR, Herrlichkeit. Eine theologische Ästhetik III/2: Im Raum der Metaphysik, Einsiedeln 1965, 492–550.

27 Näheres zur Bedeutung dieser Szene in meinem Jesusbuch »Der Helfer«, München 1973, 201 ff.

28 Die Skizze dieses Projekts bietet mein Beitrag »Das Desiderat einer Nietzsche-Hermeneutik«, in: Nietzsche-Studien XI, Berlin – New York 1980, 1–37; als wichtiger Schritt zu seiner Konkretisierung hat die Studie von JOHANN FIGL »Interpretation als philosophisches Prinzip« zu gelten, die Nietzsches »universale Theorie der Auslegung« aus dem späten Nachlaß erhob.

29 Vorläufig gilt das vor allem für den unter diesem Gesichtspunkt noch viel zuwenig erforschten Bereich der christlichen Literatur. Kennzeichnend dafür ist die Tagebuchnotiz des achtzehnjährigen REINHARD JOHANNES SORGE: »Ich erstarke in meiner Lebensauffassung. Einfluß Nietzsches. Alle mystischen Träume, Hoffnungen, Schwächen schüttle ich ab«, zumal dieses Geständnis auch noch für die Zeit gilt, in der er das »Gericht über Zarathustra« verfaßte; nach GÜNTER MARTENS, Im Aufbruch das Ziel. Nietzsches Wirkung im Expressionismus, in: Nietzsche. Werk und Wirkungen, 118 ff. Hinweise zu Nietzsches Einfluß auf das le Fortsche Werk gibt meine Studie »Überredung zur Liebe. Die dichterische Daseinsdeutung Gertrud von le Forts«, Regensburg 1980, 89 f; 133 f; 172.f.

30 Von der »Magie des Extrems« spricht Nietzsche im Nachlaß: KSA XII, 510.

NACHWORT

Die Studie zieht eine theologische Zwischenbilanz zwischen meiner Untersuchung »Gott ist tot. Nietzsches Destruktion des christlichen Bewußtseins« (von 1960) und den darauf aufbauenden Forschungen zur Entstehungsgeschichte der einschlägigen Texte einerseits und meinem Vorhaben einer »Nietzsche-Hermeneutik« andrerseits. Sie geht zurück auf eine Nietzsche-Tagung im Bildungshaus Schloß Puchberg (Oberösterreich). Dem Leiter des Hauses, Herrn Direktor Dr. Karl Wild, und der stellvertretenden Direktorin, Frau Hilde Prucha, die sich beide für die Veröffentlichung einsetzten, sei an dieser Stelle ebenso aufrichtig gedankt wie meinen Mitarbeitern, allen voran Frau Lieselotte Reitz und Fräulein Magister Anna Maria Hauk, die den aus einem Tonbanddiktat hervorgegangenen Text in seine schriftliche Fassung brachten. Mein besonderer Dank gilt dem Verleger, Herrn Alexander Weiger, für das engagierte Interesse, mit dem er die Entstehung der Publikation begleitete.

NIETZSCHE-LITERATUR

Ein orientierender Überblick

Andreas-Salomé, Lou: Nietzsche in seinen Werken, Wien 1894

Augustin, Günther: Nietzsches religiöse Entwicklung, Stuttgart 1936

Benz, Ernst: Nietzsches Ideen zur Geschichte des Christentums und der Kirche, Leiden 1956

Biser, Eugen:»Gott ist tot« – Nietzsches Destruktion des christlichen Bewußtseins, München 1962

ders.: Nietzsches Kritik des christlichen Gottesbegriffs und ihre theologischen Konsequenzen, in: Philosophisches Jahrbuch 78 (1971) 34–65; 295–304

Deleuze, Gilles: Nietzsche und die Philosophie, München 1976

Figl, Johann: Interpretation als philosophisches Prinzip. Friedrich Nietzsches universale Theorie der Auslegung im späten Nachlaß, Berlin – New York 1982

Gilman, Sander L.: Begegnungen mit Nietzsche, Bonn 1981

Goedert, Georges: Nietzsche. Critique des valeurs chrétiennes, Paris 1977

Grau, Gerd-Günther: Christlicher Glaube und intellektuelle Redlichkeit. Eine religionsphilosophische Studie über Nietzsche, Frankfurt/M. 1958

Guzzoni, Alfredo (Hrsg.): 90 Jahre philosophische Nietzsche-Rezeption, Königstein/Ts. 1979

Henke, Dieter: Gott und Grammatik. Nietzsches Kritik der Religion, Pfullingen 1981

Heftrich, Eckhard: Nietzsches Philosophie. Identität von Welt und Nichts, Frankfurt/M. 1962

Heidegger, Martin, Nietzsches Wort »Gott ist tot«, in: Holzwege, Frankfurt/M. 1950, 193–247

ders.: Nietzsche I und II, Pfullingen 1961

Janz, Curt Paul: Friedrich Nietzsche. Biographie in drei Bänden, München – Wien 1978/79

Jaspers, Karl: Nietzsche. Einführung in das Verständnis seines Philosophierens, Berlin und Leipzig 1936

ders.: Nietzsche und das Christentum, München 1952

Kaufmann, Walter: Nietzsche. Philosoph – Psychologe – Antichrist, aus dem Amerikanischen übersetzt von JÖRG SALAQUARDA, Darmstadt 1982

Köster, Peter: Der sterbliche Gott. Nietzsches Entwurf übermenschlicher Größe, Meisenheim/Glan 1972.

Löwith, Karl: Nietzsches Philosophie der ewigen Wiederkehr des Gleichen, Stuttgart 1956

ders.: Von Hegel zu Nietzsche. Der revolutionäre Bruch im Denken des neunzehnten Jahrhunderts, Stuttgart 1950

ders.: Sämtliche Schriften VI: Nietzsche (im Erscheinen begriffen)

Lubac, Henri de: Die Tragödie des Humanismus ohne Gott, Salzburg 1950

Müller-Lauter, Wolfgang: Nietzsche. Seine Philosophie der Gegensätze und die Gegensätze seiner Philosophie, Berlin – New York 1971

Pfeiffer, Arnold: Overbecks Kritik des Christentums, Göttingen 1975

Ross, Werner: Der ängstliche Adler. Friedrich Nietzsches Leben, Stuttgart 1980
Salaquarda, Jörg (Hrsg.): Nietzsche, Darmstadt 1980
Schlechta, Karl: Der Fall Nietzsche, München 1959
ders.: Nietzsche-Chronik. Daten zu Leben und Werk, München – Wien 1975
Steffen, Hans (Hrsg.): Werk und Wirkungen, Göttingen 1974
Ulmer, Karl: Nietzsche. Einheit und Sinn seines Werkes, Bern 1962
Ziegler, Theobald; Friedrich Nietzsche, Berlin 1900

NAMENSREGISTER

123

Autographe Nietzsches zu Seite 58 f

Autograph Nietzsches zu Seite 60 f

Autograph Nietzsches zu Seite 62

Autograph Nietzsches (mit Vorstufe) zu Seite 95 f

Autograph Nietzsches zu Seite 53

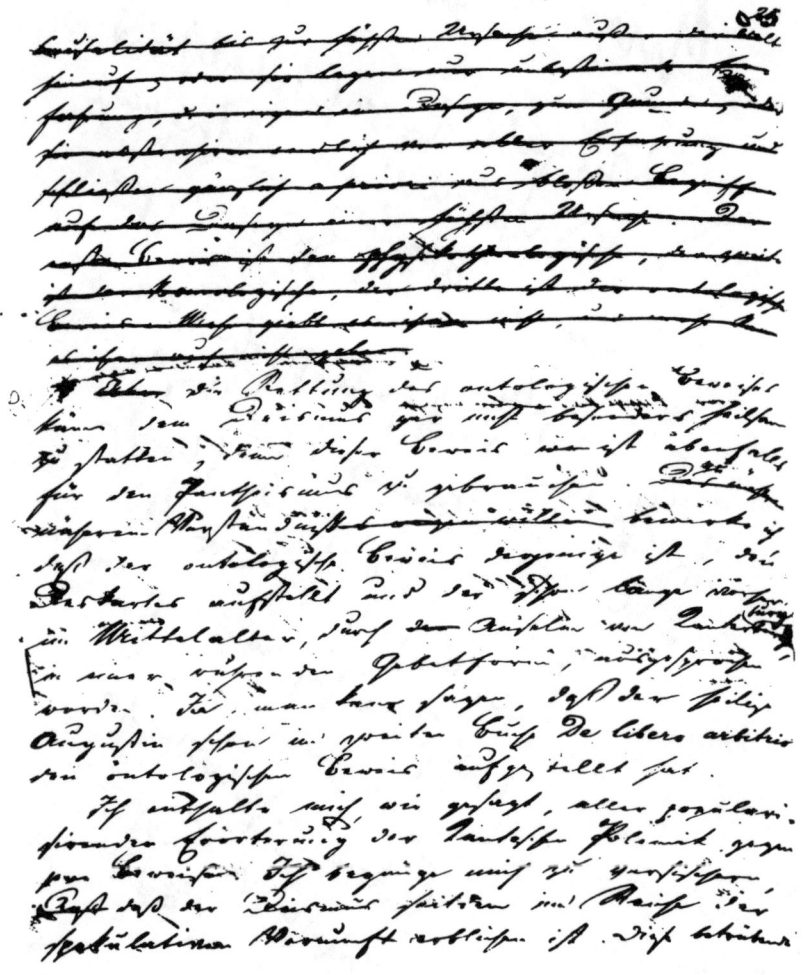

Autograph Heines zu Seite 64

Autograph Heines zum Vergleich mit Seite 96